KB274105

러시아어 편지쓰기

전 혜 진 편저

1945

문예림

전 혜 진

한국외국어대학교 노어과와 통역번역 대학원 한노과를 졸업한 후, 동 대학교 일반 대학원에서 러시아언어학 박사과정을 수료하였고, 러시아 모스크바 국립 대학교에서 러시아언어학 박사학위를 받았다.

중앙대학교 국제대학원 전문통역번역학과 교수로 재직하고 있으며, 국제회의 통역사, 전문번역가로 활동 중이다. 1999년부터 2003년까지 EBS 교육방송 라디오 러시아어 회화의 집필과 진행을 맡았으며, 러시아어 교육 방법론 연구와 교재 개발에 많은 관심을 기울이고 있다.

「러시아어 형용사의 의미합성 연구」, 「외국인을 위한 러시아어 능동문법 연구」, 「현대 러시아어 변화 경향」 등 의미론, 조어론, 러시아어 교육학 관련 논문이 다수 있으며, 저서로는 10여권 이상의 EBS 라디오 러시아어 회화 교재와 『노래로 배우는 러시아어』, 『꿩먹고 알먹는 러시아어 첫걸음』이 있다. 역서로는 『영화로 배우는 러시아어 — 형제』와 『러시아 문화 세미나』 등이 있다.

러시아어 편지쓰기

발행 2007년 2월 5일 / 인쇄 2007년 2월 10일 / 지은이 전혜진 / 펴낸이 서덕일 / 펴낸곳 도서출판 문예림 / 등록번호 1962. 7. 12. 제 2-110호 / 주소 서울 광진구 군자동 1-13호 문예하우스 101호 / Phone. 499-1281~2 Fax. 499-1283

ISBN 978- 89-7482-329-0 (13790)

러시아어 편지쓰기

러시아어 편지쓰기

『러시아어 편지 쓰기』를 펴내면서, 편지의 소중한 의미를 되새겨 봅니다. 핸드폰으로 문자 메시지를 보내거나, 전화 한 통화로 생각과 감정을 전달해 버리고, 클릭 한 번으로 이메일을 보냅니다. 공간과 시간의 경계도 없이 모든 것을 너무나 손쉽고 간단하게 주고 받습니다. 편지지를 곱게 접어 우표를 붙이고 몇 번이나 망설이다 편지를 부치는 설레임도, 편지를 기다리는 애틋함도 사라지고 있는 오늘날, 시골에 계신 부모님께 부친 편지에 담긴 효심, 타지로 유학 간 친구에게 보내는 편지에 배어 있는 그리움을 다시 편지에 표현해 보고 싶었습니다.

문학과 역사 속에서 이른바 '세기의 편지'는 무수히 많았습니다. 베르테르의 편지, 『닥터 지바고』의 작가 빠스쩨르나끄가 옥중 아내 올가에게 보내는 편지, 네루가 외동딸 인디라 간디에게 보낸 옥중 서신 등을 꼽을 수 있습니다. 사도 바울이 감옥 안에서 교회들에 보낸 편지들은 오늘날 성경의 일부가 되었고, 요한이 유배지에서 일곱 교회에 보낸 편지가 성경의 마지막, 『요한 계시록』이 되었습니다. 편지에는 역사와 사람의 마음을 움직이는 위대한 힘이 있습니다. 또한 편지 한 통으로 복잡한 외교 문제가 해결되기도 하고, 까다로운 바이어와의 계약이 성사되기도 합니다. 이렇듯 편지는 오래 전부터 사회 모든 분야에서 사람들 사이에 널리 통용되어 온 중요한 의사소통 수단입니다.

러시아어 편지 쓰기는 특히 어렵습니다. 러시아어를 잘하는 사람도 러시아어로 편지를 제대로 쓰지 못하는 경우가 많습니다. 러시아어 편지는 일정한 격식이 있으며, 표현에 있어서도 일상회화체와는 차이가 나기 때문에 러시아어로 편지를 쓰기 위해서는 편지에 맞는 격식과 표현들을 익혀야합니다.

『러시아어 편지 쓰기』에는 비즈니스 레터 작성법, 개인적인 공식 서한, 개인적인 비공식 서한 작성법, 편지 봉투 작성법을 소개하고 있으며, 편지에 사용되는 표현들을 총망라하고 있습니다. 그리고 신년인사 편지, 축하 편지, 안부 편지, 상용편지 등 러시아 편지 실례들을 다양하게 싣고 있어서, 러시아어 편지 실제 유형을 접하고, 상황과 격식에 맞게 러시아어로 편지를 쓰는 연습을 할 수 있습니다.

『러시아어 편지 쓰기』의 모델은 Этикет русского письма, Акшина А.А., Формановская Н.И., Русский язык, 1981, Как овладеть искусством делового письма, Теппер Р., ЮН ИТИ, 1994 등을 기초로 하여, 우리의 현실에 맞게 내용을 재구성하고 수정 보완하였습니다. 그리고 인터넷 시대의 흐름에 발맞추어 전자 우편 관련 용어와 표현을 소개하고 있습니다.

『러시아어 편지 쓰기』가 정치, 경제, 사회, 문화 등 모든 분야에서 러시아인들과의 원활한 의사소통에 작은 길잡이가 되기를 바랍니다. 아울러 이 자리를 빌어서 좋은 책을 내도록 도움을 주신 문예림의 서덕일 사장님께 고마운 마음을 전합니다.

2007년 1월

전 혜진

contents 차례

3부 편지봉투 작성법　150

4부 러시아어 편지 실례　152

신년인사 편지　153

생일축하 편지　156

결혼축하 편지　158

탄생축하 편지　159

비즈니스 레터　161

러시아어 편지쓰기

비즈니스 레터 쓰기

비즈니스 레터의 특징

비즈니스 레터는 개인적인 편지에 비해 표준화, 정형화되어 있다. 정확성, 논리성, 정중성 등의 특징을 갖는다.

여기서 비즈니스 레터는 조직, 기관 등이 다른 기관, 조직 등에 보내는 서신을 말한다. 비즈니스 레터에서 사람은 개인이 아니고, 법인을 말한다. 외교 서신, 상용 서신 등이 이에 해당된다.

 ## 1 편지의 첫 부분

비즈니스 레터에는 주소, 편지 발신 장소와 날짜, 수신자 호칭이나 명칭이 반드시 명시되어야 한다. 발신 장소와 날짜는 주로 편지 상단 우측에 위치한다.

(1) 주소
(2) 발신 장소와 날짜
(3) 수신자 호칭이나 명칭

■ 편지 발신 장소와 날짜

편지 발신 장소를 쓸 때, 국가명(Россия, Корея)부터 도시(г. Москва, г. Сеул), 지방명(дер. Вязники, дер. Хончон)까지 우리와는 달리 큰 공간에서 작은 공간의 순으로 지명을 쓴다. 또한 기관명을 쓸 수도 있다 : Телекомпания «Останкино», Компания «Самсунг».

편지 발신 날짜는 연, 월, 일을 포함한다. 비즈니스 레터에서는 가능하면, 약자를 사용하지 않는 것이 좋고, 단어 года(-년에) 만 약자로 쓴다. 숫자는 «»를 사용해 나타낼 수 있다.

Компания «Самсунг»

Сеул, 20 июля 2005 г.

Уважаемый господин директор!

삼성, 서울

2005년 7월 20일

존경하는 이사님께!

Газета «Известия»

Москва, 5 марта 2005 года

Многоуважаемый главный редактор!

"이즈베스찌야"신문사

모스크바, 2005년 3월 5일

대단히 존경하는 편집국장님!

■ 편지 호칭

호칭 형태는 러시아어 화법에 따라 선택해야 한다. 기관의 구체적인 인물 (사장, 엔지니어, 부장 등)에게 편지를 보낼 경우에는 호칭에 직위명이나, 단어 господин과 함께 성을 쓴다. 구체적인 수신인이 알려져 있지 않은 경우에는 Уважаемый господин!이란 호칭을 사용한다.

Москва, Редакция газеты «Правда»

10 сентября 2004 г.

Уважаемый господин!

Редакция рассмотрела Ваше письмо.

모스크바, "쁘라브다" 편집국

2004년 9월 10일

존경하는 선생님!
편집국은 당신의 편지를 검토하였습니다.

Компания «Олибиен»

Алматы, 20 декабря 2004 г.

Уважаемый господин директор!

Мы внимательно рассмотрели Вашу рекомендацию.

"올리비엔" 회사

알마뜨이, 2004년 12월 20일

존경하는 사장님!
우리는 귀사의 권고안을 주의 깊게 검토하였습니다.

② 편지의 끝 부분

비즈니스 레터에서 끝 부분도 첫 부분처럼 규격화된 형식이 있다. 답장을 요청하는 내용과 직위명이 명시된 공식적인 서명으로 편지를 맺어야 한다. 몇몇 경우 편지 끝 부분에 스탬프를 찍는다.

(1) 업무 요청
(2) 답신 요청
(3) 존경심 표현
(4) 직위명, 서명

■ 공식 사무적인 요청의 표현

- 우리 측 주문을 확인해달라는 요청
- 귀사의 제안서를 보내달라는 요청
- 우리 측 제안을 고려해달라는 요청
- 동의에 대해 이 메일을 보내달라는 요청
- 귀측의 의견을 통보해달라는 요청
- 결정에 대해 편지를 쓰라는 요청

	подтвердить наш заказ
Просьба	прислать Ваши предложения
	учесть наши предложения
	имеилить о Вашем согласии
	сообщить нам Ваше мнение (решение)
	написать нам о Вашем решении

• 연락을 주시기를 부탁드립니다.
• 연락 주실 것을 부탁드리고 싶습니다.

(Со своей стороны) просим (Вас)

(Убедительно)   (мы) просили бы Вас   (срочно)

(Настоятельно)   (мы) хотим просить Вас   сообщить.

                               (мы) хотели бы просить Вас

                               (нам) хотелось бы просить Вас

■ 답신 요청 표현

• 당신의 답변을 기다립니다(학수고대합니다).
• 답장 받기를 기대합니다.

(С нетерпением) ждём (ожидаем) Вашего ответа.

                                   получения Вашего ответа.

• 당신의 답변을 기다리며

        경의를 표하며 (서명)

• 당신의 답변을(결정을) 기다립니다.

        (서명)

В ожидании Вашего ответа

        С уважением (подпись)

Ожидаем Вашего ответа (вашего решения).

        (подпись)

• 당신의 (신속한) 답변을 기대합니다.
• 당신의 답장 받기를 기대합니다.
• 당신의 (신속한, 호의적인) 답변을 기대하고, (미리 감사드립니다)

* 향후 서신교환을 기대합니다.
* 서신교환을 계속하기를 기대합니다.
* 빨리 답장 주기를 기대합니다.

получить Ваш (скорый) ответ.

на получение Вашего ответа.

Надеемся на Ваш (скорый, благоприятный) ответ

(и заранее благодарим).

на дальнейшую переписку.

на продолжение переписки.

что Вы ответите нам в ближайшее время.

* 당신의 (신속한, 호의적인) 답신을 기대합니다. 경의를 표하며

(서명)

В надежде на Ваш (скорый, благоприятный) ответ,
с уважением

(ПОДПИСЬ)

* 가능하면 빨리 당신의 답장을 받고 싶습니다.

Желательно было бы получить Ваш ответ

как можно скорее.

■ 존경심 표현

с уважением이 보다 더 많이 통용되는 표현이고, с совершенным
почтением은 외교 서신에서 주로 사용된다.

◦ 경의를 표하며.

С уважением (к Вам)...

С (совершенным) почтением...

С уважением и почтением...

Уважающий Вас...

■ 서명

비즈니스 레터에서 편지 끝에 직위명과 성을 명시하고, 서명을 한다.

실례

발신 편지

С уважением

Представитель компании "Совфрахт"

　　　　Подпись (О. Макаров)

경의를 표하며.

"소브프라흐트" 회사 대표

　　　　서명 (마까로프)

답신 편지

Председатель

компании "Разноэкспорт"

　　　　Подпись (В. Никифоров)

"라즈노엑스뽀르뜨" 회사 대표

　　　　서명 (니끼포로프)

■P.S. 표현

P.S.는 서명 뒤에 추가하는 내용인데, 비즈니스 레터에서는 P.S.를 사용하지 않는 것이 바람직하다. 반드시 추가해야할 경우, 한 개 이상의 P.S.를 사용해서는 안된다. P.S. 표시와 함께 Дополнительно сообщаем...의 표현을 쓴다.

실례 1

Просим ответить на наше предложение как возможно скорее.

Заранее благодарим.

С уважением... П. Антонов

우리의 제안에 답장을 가능하면, 빨리 보내줄 것을 요청합니다.
미리 감사드립니다.

경의를 표하며… 안또노프

2

Ожидаем Вашего ответа.

С уважением

Начальник отдела   (подпись)

당신의 답장을 기다립니다.

경의를 표하며.
부장   (서명)

■ 정보전달표현

- (이로써)
- (기꺼이)
- (감사하면서)
- (만족스럽게)
- (유감스럽게)
- 대단히 유감스럽게도 …와 같이 통보합니다.
- (당신의 요청에 따라)
- (당신의 편지와 관련하여)
- (당신의 편지에 답장하면서)
- (당신의 편지에 대한 답으로)
- (우리의 편지를 확인하면서)
- 당신의 정보를 위해

(Настоящим)

(С удовольствием)

(С благодарностью)

(С удовлетворением)   сообщаем (Вам)...

(С сожелением)   уведомляем (Вас)...

К (нашему) великому   напоминаем (Вам)...

карайнему сожалению ставим Вас в
глубокому   известность...
доводим до Вашего сведения...

(Согласно Вашей просьбе)

(Ссылаясь на Вашу просьбу)

(В связи с Вашим письмом)

(Отвечая на Ваше письмо)

(В ответ на Ваше письмо)

(В подтверждение нашего письма)

Для Вашего сведения

* 당신께 …를 통보하도록 허락해주십시오.
* 우리는 당신께 …를 통보해야 합니다.
* 우리는 당신께 …를 통보하고 싶습니다.

Разрешите

Позвольте

Мы	должны	сообщить Вам....
	вынуждены	уведомить Вас...
	можем	напомнить Вам...
	хотели бы	поставить Вас в известность...
	хотим	довести до Вашего сведения...

Нам хотелось бы

실례 1

С благодарностью подтверждаем получение Вашего запроса от 15 мая сего года.
В ответ на Ваш запрос сообщаем, что мы можем выполнить Ваш заказ.

올해 5월 15일자 당신의 신청서를 감사하게 받았음을 확인합니다.
신청서에 대한 답으로 우리는 귀 측의 주문사항을 이행할 수 있음을 통보합니다.

Подтверждаем получение Вашего письма от 22 октября 2004 года.

Мы можем сообщить Вам, что наша компания ______ откроет филиал в Москве. Для Вашего сведения мы прилагаем к настоящему письму брошюру о деятельности нашей компании.

2004년 10월 22일자 당신의 편지를 받았음을 확인합니다.
우리 회사의 모스크바 지사 개설을 통보합니다.
당신의 정보를 위해 우리회사 활동 부로쉐를 편지에 첨부합니다.

■ 편지를 끝맺는 표현

* 그만 편지를 마치도록 하겠습니다.
　　　 편지를 마쳐야 합니다.

На этом разрешите　　закончить письмо.
　　　　позвольте　　　　　　　(нашу информацию).
(мы) должны

... На этом позвольте закончить нашу информацию. Если у Вас появятся вопросы, мы с удовольствием на них ответим.

그만 편지를 마치겠습니다. 만일 질문이 있으면, 기꺼이 답변해드리겠습니다.

■ 접속의 표현

● 연결의 표현

• 추가로 ~를 알려드립니다.

• 그와 함께 ~를 알려드립니다.

• 또한 ~를 알려드립니다.
　　　　　　추가합니다.

Дополнительно   (к вышеизложенному) сообщаем...

В дополнение

Одновременно с этим

К тому же

Кроме того

Также   следует добавить...

При этом

Ещё

• ~를 추가해야 합니다.

• ~를 추가하고 싶습니다.

Следует

Необходимо

(Мы) Хотим (к тому же)

Хотели бы   кроме того, добавить...

Нам хочется   (также; ещё) дополнить...

Нам хотелось бы

(Мы) должны

* ～를 여기에 추가합니다.

* ～ 외에 추가합니다.

* 첫째, ～ 둘째, ～ 셋째, ～ 마지막으로 …

	к этому, что...
Добавим	кроме того, что...
	также, что...
	во-первых, ... во-вторых, ... в-третьих...
	наконец, ...

●댓구의 표현

* 그러나   ～를 언급해야 합니다.

* 그럼에도 불구하고

Однако,		
Но	(мы) вынуждены	отметить...
Тем не менее,	(нам) приходится	сказать...
Несмотря на это,	(мы) должны	

●결론의 표현

* 위에서 언급한 것에 기초하여

* 따라서

* 결론으로   … 해야 합니다

* 위에서 언급한 모든 것을 종합하여   … 하고 싶습니다.

* 위에서 언급한 것을 고려하여   … 해야 합니다.

* 위에서 열거한 것을 고려하여

* 위에서 열거한 것과 관련하여

Исходя из вышеизложенного,

Таким образом,

Итак,

Подводя итоги,   следует...

В заключение   (мы) хотим...

Заключая   (всё сказанное),   (нам) хочется...

Суммируя   всё вышеизложенное,   (нам) бы хотелось...

Учитывая   (мы) должны...

Ввиду (всего) перечисленного выше   (нам) необходимо...

В связи с (всем) перечисленным выше

■ 편지 수신 여부 표현

상용편지를 포함한 비즈니스 레터는 반드시 편지 수신 여부에 대한 언급을
포함해야한다.

* ○년 ○월 ○일자 당신의 편지 №에 대한 답으로 ~를 알려드립니다.

В ответ на

Отвечая на   Ваше письмо от (число, месяц, год) за

Отвечаем на   № (номер) (и) сообщаем, что...

Отвечаем,   что получили

* ○년 ○월 ○일자 당신의 편지 №를 받은 것을 확인하면서 ~을 알려드립니
다.

В подтверждение Вашего письма от... за №... сообщаем,
                                    что...

* ○년 ○월 ○일자 당신의 편지 №를 받은 것을 확인하면서…

Подтверждая
(Настоящим с благодарностью)   получение Вашего
подтверждаем   письма от...
                                за №...

* ○년 ○월 ○일자 당신의 편지 №를 받은 것을 확인합니다.

Подтверждаем, что получили Ваше письмо от... за №...

* ○년 ○월 ○일자 당신의 편지 №를 받은 것을 알려드립니다.

Сообщаем,
(Настоящим) Уведомляем,   что (мы) получили Ваше
Ставим Вас в известность,   письмо от... за №...
Доводим до Вашего сведения,   что Ваше письмо от...
Считаем необходимым сообщить,   за №... получено.

* ○년 ○월 ○일자 당신의 편지 №를 받은 것을 알려드립니다.

Ваше письмо (мы)   получили, о чём (мы) вас (и) уведомляем.
                    получено, и уведомляем (Вас), что...

* ○년 ○월 ○일자 당신의 편지 №를 받은 것을 알려드리면서, 다음을 통보
합니다.

Принимаем
Принимая к сведению Ваше письмо от... за №..., сообщаем
Приняв   (отвечаем, уведомляем), что...

* ○년 ○월 ○일자 당신의 편지 №를 인용하여, ~을 통보합니다.
* ○년 ○월 ○일자 당신의 편지 №에 근거하여, ~을 알았습니다.

Ссылаясь на Ваше письмо от... за №..., сообщаем, что...

Из Вашего письма от...   мы узнали, что...

---

* 당신의 답장이 없음에도 불구하고,
* 당신 측의 확답이 없음에도 불구하고,
* 당신 측의 확답이 없는 것과 관련하여

  ~를 (당신 측에) 통보하는(발표하는, 알리는, 경고하는) 것이 타당하다고 (바람직하다고, 필수불가결하다고, 필요하다고) 생각합니다.

Несмотря на Ваше молчание,

Несмотря на отсутствие   подтверждения с Вашей стороны,

В связи с отсутствием подтверждения с Вашей стороны

  считаем целесообразным (желательным, необходимым, нужным) сообщить (заявить, уведомить, предупредить) (Вас), что...

---

* 이로써 ~를   통보합니다.
            상기시킵니다.
            확인합니다.
            요청합니다.
            보증합니다.
            다시 한번 상기합니다.

            сообщаем,

            напоминаем,

Настоящим   подтверждаем,   что(чтобы)...

просим,

гарантируем,

ещё раз напоминаем,

* 당신께 ~를 통보합니다.

Сообщаем Вам, что...

Многоуважаемый директор!
С благодарностью подтверждаем получение Вашего письма от 11 апреля с. г.

존경하는 이사님!
올해 4월 11일 자 당신의 편지를 감사하게 받았습니다.

Уважаемый заведующий отделом!
Несмотря на отсутствие подтверждения с Вашей стороны, считаем возможным сообщить, что наше собрание планируется на 5 августа 2005.

존경하는 부장님
귀 측으로부터 확답이 없음에도 불구하고, 2005년 8월 5일에 우리 회의가 계획되어 있음을 통보합니다.

■ **감사의 표현**

비즈니스 레터에서는 사적인 편지에 비해 감사의 표현이 드물게 사용된다.
주로 편지 수신, 소식, 정보 전달, 문서 수령에 대해 감사의 표현을 사용한다.

* 당신의 편지(답장, 도움 등)에 감사드립니다.
* ~에 대해 감사드립니다.

(Мы) Благодарим Вас   за Ваше письмо (Ваш ответ,
Мы благодарны Вам   Вашу помощь).
Мы признательны Вам   за то, что...

* 당신의 편지 (동의 등에) 대해 감사의 마음을 전합니다.
* ~에 대해 감사의 마음을 표현합니다.
* 당신의 답장에 대해 감사의 마음을 전하면서, …를 통보합니다.
                        표현하면서,

Приносим   благодарность   за Ваше письмо
                              (Ваше согласие).
Выражаем
Выражаем   признательность   за то, что...
Принося   за Ваш ответ, сообщаем
                                (извещаем).
Выражая   благодарность, ...
Выражая   признательность, ...

* ~에 대해 감사함을 표현하도록 허락해주십시오.

Разрешите   благодарность   за...
Позвольте   выразить Вам   признательность за то, что...

* 감사한 마음을 갖고 ~를 통보합니다.
                        ~를 확인합니다.
                        ~를 답변합니다.

С благодарностью   сообщаем...
С признательностью   подтверждаем...
                        отвечаем...

* ○년 ○월 ○일자 당신의 편지 №를 받은 것에 대해 감사드립니다.
                                            매우 감사드립니다.

Мы получили Ваше письмо №... от...
        за которое Вас благодарим.
Нами получено Ваше письмо №... от...
        за которое очень Вам признательны (благодарим)

* ~에 대해 미리 감사드립니다.
            감사함을 전합니다.
            감사함을 표현합니다.

            благодарим
Заранее   приносим благодарность   за...
            выражаем признательность   за то, что...

실례 1

Выражаем Вам благодарность за своевременное исполнение нашего заказа.

우리 주문을 적시에 이행해주신 것에 대해 감사함을 표현합니다.

2 | С большой признательностью подтверждаем получение от Вас письма и нужной нам документации и рады сообщить...

귀사의 서신과 필요한 서류를 대단히 감사하게 잘 받았음을 확인하면서, …를 알려드림을 기쁘게 생각합니다.

■ 만족감 표현

기쁨과 같은 감정표현이 어울리지 않는 비즈니스 레터에서는 만족의 표현만이 사용된다.

* 우리는 협상 결과에 만족합니다.

Мы удовлетворены результатами переговоров.

* 당신의 편지와 관련하여 만족감을 표현합니다.

Выражаем удовлетворение по поводу Вашего письма.

* 만족스럽게 …를 통보합니다.
　　　　　　…를 알립니다.
　　　　　　…를 확인합니다.

С удовлетворением　　сообщаем...
　　　　　　　　　извещаем...
　　　　　　　　　подтверждаем...

* ○년 ○월 ○일자 당신의 편지 №를 받아서,　…를 알게 되어 기뻤습니다.
　　　　　　　　　　　　　　　　　…를 만족스럽게 알았습니다.

Мы получили Ваше письмо   из которого рады были
            (№... от...,)   узнать, что...

                            из которого с удовлетворением
                            узнали, что...

Мы удовлетворены условиями контракта.
우리는 계약 조건에 만족합니다.

2

Выражаем удовлетворение по поводу быстрого ответа
на наш запрос.
우리 측의 문의에 신속한 답변을 주신 것에 만족감을 표현합니다.

3

С удовлетворением сообщаем, что Ваше письмо от 20
февраля 2004 года нами получено.
2004년 2월 20일 자 당신의 편지를 받았음을 만족스럽게 알려드립니다.

■ 유감, 비난의 표현

• (지금까지) 당신의 (우리측의 문의에 대한) 답장을 받지 못해 유감스럽습
니다.
• 귀 측이 우리의 주문 이행을 연기한 점이 유감스럽습니다.

Сожалеем (о том), что, (до сих пор) не получили (Вашего)
                            ответа (на наш запрос).
                            Вы отсрочили выполнение заказа.

• 우리 측 주문 이행을 연기한 것에 대해 유감을 표합니다.
• 우리 주문을 거절한 것에 대해 유감입니다.

Сожалеем о(б) отсрочке выполнения Вами нашего заказа.

отказе принять наш заказ.

• 당신의 거절과 관련하여

침묵과 관련하여

• 당신이 상품 공급을 거절한 것과 관련하여   유감(불만족)을 표합니다.
• 우리 측 문의에 대해 답변을 하지 않은 것에 대해
• 답변이 없는 것에 대해
• 침묵과 관련하여

Выражаем сожаление (неудовлетворение,)

по поводу	Вашего отказа.
	Вашего молчания
по поводу того,	Вы отказались от поставквки товара.
что	Вы не ответили на наш запрос
что	
в связи с	отсутствием ответа, молчанием.

• 유감스럽게도, (지금까지) 당신의 답장을 받았습니다.
• № 당신의 편지를 받지 못해 유감이며, …을 통보합니다.

(до сих пор) не получили Вашего ответа.

К сожалению не получив Вашего ответа на наше письмо

№..., сообщаем...

• 당신의 답장이 없어서 유감입니다(불만족스럽습니다).

- 우리 계약 조건의 불이행 사실을 알게 되어 유감입니다(불만족스럽습니다).

С сожалением (с неудовлетворением)

   отмечаем (констатируем) отсутствие Вашего ответа.

   узнали о нарушении условий нашего договора.

- 귀측에 (우리의) 불만을 표명해야겠습니다.

   유감을

Разрешите   неудовлетворение...
Позвольте нам выразить (Вам) (наше) сожаление...
                                                         недоумение.

- 우리는 귀측에 우리 계약 조건을 (다시 한 번) 상기시켜야 겠습니다.

(Мы) Вынуждены (ещё раз) напомнить Вам об условиях
Вы вынуждены   нашего договора.

실례 1

Сожалеем о том, что до сих пор не получен ответ на наше письмо от 30-ого мая 2005 года.

2005년 5월 30일자 편지에 대한 답장을 아직까지 받지 못해 유감입니다.

2

Не получив в срок Ваши материалы, с сожалением констатируем, что не сможем их опубликовать в сборнике тезисов.

당신의 원고를 기간 내에 받지 못한 관계로, 유감스럽지만 논제 모음집에 실을 수 없음을 알려드립니다.

Выражаем сожаление и недоумение по поводу отсутствия ответа на наш второй запрос и сообщаем, что будем вынуждены прервать переговоры.

우리 측의 두번째 요구에 대한 답변이 없는 것에 대해 유감과 불만을 표하면서, 협상을 중단할 것을 통보합니다.

Позвольте выразить недоумение по поводу того, что мы не получили Вашего ответа на наше письмо.

우리측 서신에 대한 귀측의 답장을 받지 못한 것에 대해 불만을 표명합니다.

■ 사과의 표현

비즈니스 레터에서 불만족, 유감에 대한 사과의 표현은 대체로 사용하지 않는다. 그에 대한 변명은 암시적으로 한다. 비즈니스 레터에서는 불만족에 대한 답변으로 불만족을 야기한 사실을 기술하고, 상황 개선에 대한 해당 조치를 언급한다.

В ответ на Ваше требование улучшить качество товара сообщаем, что нами приняты необходимые меры.

제품의 질 향상에 대한 귀사의 요구에 대한 답변으로 필요한 조치를 취했음을 통보하는 바입니다.

Ваши требования обоснованны, в ближайшее время высылаем документацию.

귀측의 요구사항은 타당합니다. 가까운 시일에 서류를 발송하겠습니다.

■ 축하, 환영, 기원의 표현

◦ 창업 1주년을 축하드립니다.

• 국경일을 축하드립니다.
• 국제전시회 개막과 관련하여 우리의 (환영인사와) 축하를 받아주십시오.

Разрешите	с годовщиной со дня создания предприятия.
Позвольте поздравить Вас	с национальным праздником.
Примите наши (приветствия и) поздравления	в связи с открытием международной выставки.

• 국경일을 맞이하여 당신을 환영합니다.
• 국제회의 개막과 관련하여 당신을 환영합니다.
• 사장 취임을 축하드립니다.
• 우리의 축하인사를 받아 주십시오.

Приветствуем Вас по случаю национального праздника.

в связи с открытием международной конференции.

По случаю переизбрания Вас на пост директора		разрешите (позвольте) поздравить…
По поводу того.	что Вы переизбраны на пост директора	примите наши поздравления.

• 귀하의 건승을 기원합니다.

Разрешите

Позвольте пожелать Вам больших успехов.

* 새로운 성공을 기원하는 우리의 (진심어린) 마음을 받아주십시오.
  대 발전을

Примите наши (искренние) пожелания новых успехов.
                                    больших достижений.

* (우리의) 환영과 기원 인사를 보냅니다.
* 안부와 기원 인사를 보냅니다.

Шлём (наши) приветствия и пожелания.
                привет и пожелания.

    Многоуважаемая Надежда Дмитриевна!
Разрешите нам от всей души поздравить Вас с юбилеем
и пожелать Вам дальнейшей плодотворной работы.
    대단히 존경하는 나제즈다 드미뜨리예브나!
진심으로 당신의 기념일을 축하드리며, 향후 결실있는 활동을 기원합니다.

■ 조의의 표현

비즈니스 레터에서는 조의가 대체적으로 유일한 주뒤 테마로 사용뒤기도
한다.

* 별세하신 것에 대해 삼가 조의를 표합니다.

Выражаем глубокое	по поводу кончины (смерти,
соболезнование	стихийного бедствия).
Приносим Вам	в связи и кончиной (смертью,
свои соболезнования	постигшим бедствием).

• 당신의 불행에 대해 깊이 애도합니다.

С глубоким прискорбием узнали о постигшем Вас
несчастье.

• 당신의 슬픔 (상실, 불행)과 관련하여 저의 진심어린 조의를 받아주십시오.
• 운명을 달리하신 것과 관련하여

Примите мои искренние соболезнования	по поводу постигшего Вас горя (утраты, несчастья) по случаю безвременной (преждевременной, скоропостижной) кончины...

• 삼가 진심 어린 (깊은) 조의를 표합니다.

Разрешите	
Позвольте	
Мы хотим	выразить Вам наше искреннее (глубокое) соболезнование.
Хотели бы	принести
Нам хотелось бы	
Мы не можем не	

• 우리는 당신의 (깊은) 비애감(고통, 불행, 슬픔)을 공감합니다(이해합니다).

Мы разделяем (понимаем) Вашу (глубокую) скорбь
(горе, несчастье, печаль)

■ 요청, 제안, 충고의 표현

비즈니스 레터에서 요청의 표현은 자주 사용된다. 상용편지에서 관련 측은 상품, 원자재 등의 공급 여부에 대해 통보해줄 것을 요청한다. 이러한 유형의 상용편지를 запрос라고 칭한다. запрос에서 구매자는 필요한 상품의 종류와 상품 양, 가격, 상품 공급 시기 등을 언급해야 한다.

* 귀측의 회의 진행 계획에 대해 우리 측에 통보해주실 것을 요청하는 바입니다.
* 서신 수령을 확인해주시기 바랍니다.
* 답변을 지체하지 않기를 요청합니다.
* 상품 하적시기에 대해 우리에게 통보해 줄 것을 요청합니다.
* 필요한 서류를 발송할 것을 요청합니다.
            보내줄 것을
* 귀측의 제안을 전달해주길 요청합니다.
* 우리 측에 업무 진행을 재촉할 것을 요청합니다.

	сообщить нам о Ваших планах проведения совещания (о том, что...).
(Настоящим)	подтвердить получение письма.
просим (Вас)	не задерживать ответа.
	уведомить нас о сроках отгрузки товара.
	выслать нужные документы.
	прислать
	передать Ваши предложения.
	ускорить нас в курсе дела.

* 우리 주문을 이행하는 데 최선을 다해주시기를 요청합니다.

(Убедительно) просим (Вас) приложить все силы к тому, чтобы выполнить наш заказ.

● 귀측 상품 견본을 발송할 것을 요청합니다.
　　　　　　　　보내줄 것을

Обращаемся к Вам с просьбой　выслать　нам образцы
　　　　　　　　　　　　　　　　　　　Ваших товаров.
　　　　　　　　　　　　　прислать

● 귀측의 제안서가 가능한 빨리 (가장 빠른 시일 내에) 오길 기대합니다.
　　주문이

Ваши предложения　　ожидаем по возможности скорее
Ваши заказы　　　　　(как можно, скорее,
　　　　　　　　　　　　в кратчайший срок).

● 우리는　추가 정보가　　　　필요합니다.
　　귀측의 제안서가　　(~에) 관심이 있습니다.
　　귀측의 동의가
　　귀측의 확답이

　　　　　　　　　　　　　　дополнительные сведения.
Нам нужны (нужен, -жна, -жно)　Ваши предложения
Нас интересуют(-ет)　　　　　　Ваше согласие.
　　　　　　　　　　　　　　　Ваше подтверждение.

● 우리는 새로운 주문에　　(매우) 관심 있습니다.
　　귀측과의 협력에

Мы (очень) заинтересованы   в новых заказах.

в сотрудничестве с Вами.

* 귀측의 조건을   알려주십시오.

제안 사항을

Не откажите в любезности сообщить Ваши условия.

Ваши предложения.

* 우리는 ~를 구매하고 싶습니다.

주문하고

체결하고 싶습니다.

~에 동의하고 싶습니다.

~하고자 합니다.

	купили	
	заказали	
Мы	заключили	бы...
	согласились	
	могли, хотели, не возражали	

* 우리는 ~를 구매하는 것에 동의합니다.
* ~를 주문하는 것에 동의합니다.
* ~를 체결하는 것에 동의합니다.

		купить...
Мы	согласны	заказать...
		заключить...

* 우리는 귀측에 ~를 요청하고자 합니다.
　　　　　　　　요청하고 싶습니다.
　　　　~를 제안하고 싶습니다.
　　　　~를 요청해야 합니다.
　　　　~를 제안해야 합니다.

	Мы хотим	
	Мы хотели бы	просить Вас...
(Со своей стороны)	Нам хочется	предложить Вам...
	Мы должны	
	Мы вынуждены	

* 우리는 ~를 주장해야 합니다.

Мы вынуждены настаивать на том, чтобы...

실례 1

Просим сообщить нам о возможности приспособить машины для переработки хлопка. Одновременно просим сообщить нам данные о производительности этих машин.

면가공 기계 설치 가능성을 알려주실 것을 요청합니다. 그와 함께 이 기계의 생산성에 대한 자료도 알려주시길 요청합니다.

2

Мы очень заинтересованы в Вашей новой модели компьютера. и поэтому просим выслать нам каталог.

우리는 귀사의 컴퓨터 신모델에 매우 관심이 있습니다. 카탈로그를 보내주실 것을 요청합니다.

● 귀하를 초대합니다.

Мы приглашаем Вас

● 귀하를 (귀측의 대표들을, 귀측 대표단을) 초대하고자 합니다.
● 우리나라(우리 회사)를 방문해주실 것을 제안하고자 합니다.

Разрешите (нам) пригласить   Вас (Ваших представителей:
                             Вашу делегацию).
Позвольте (нам) предложить   Вам посетить нашу страну
                             (нашу фирму)

● 우리는 귀하를 (귀측 대표단을) 초청하고 싶습니다.
● 귀하를 (귀측 대표자들을) 맞이하고 싶습니다.
● 우리 초대에 응해주시기를 바랍니다.

                     пригласить Вас (Вашу делегацию).
Мы хотели бы   принять Вас (Ваших представителей).
Нам хотелось бы надеяться, что Вы ответите согласием
                             на наше приглашение.

● 귀측이 우리 초대를 받아 주실 것을 바랍니다.

Мы выражаем надежду на то, что Вы примете наше
приглашение.

● 우리는 귀측 대표자들을(대표단을) 맞이할 (만날, 초대할) 용의가 있습니다.
                     ~하게 되어 기쁩니다.

~는데 동의합니다.
~수 있습니다.

Со своей стороны, мы	
(с радостью) готовы	принять(встретить, пригласить)
Мы рады будем	Ваших представителей
Мы согласны	(Вашу делегацию).
Мы можем	

---

* 우리는 (대단히) 기쁘게 귀측 대표자들을 (대표단을) 환영합니다.

Мы с (большой) радостью примем (встретим) Ваших представителей (Вашу делегацию).

---

* 귀측이 동의하신다면, 귀측 대표단을   초대하게 되어 기쁩니다.
                   대표자들을   맞이할   용의가 있습니다.
                   지도부를   만나는데 동의합니다.
                       ~할 수 있습니다.

Мы рады были бы	пригласить Вашу делегацию, если бы Вы согласились.
Мы готовы были бы	принять Ваших представителей,
Мы согласны были бы	встретиться с Вашими руководителями,
Мы могли бы	

---

* 당사를 방문해주지 않으시겠습니까?
* 당사에서 만날 수 있을까요?

• 우리나라를 방문하지 않으시겠습니까?

Не согласитесь ли Вы

Не можете ли Вы   посетить наше предприятие?

Не хотите ли Вы   встретиться на нашем

Не согласились бы Вы   предприятии?

Не могли бы Вы   приехать в нашу страну?

Не хотели бы Вы

• 귀측 대표단이 우리나라를 방문하는 것에 대해 어떻게 생각하십니까?
• 귀측 대표자들이 우리 이사진과 만나는 것에 반대하지 않으십니까?

Как Вы относитесь к тому, чтобы

Не будете ли Вы против того, чтобы

　　Ваша делегация посетила нашу страну?

Не возражаете ли Вы против того, чтобы

　　Ваши представители встретились с нашими директорами?

■ 요청, 제안, 초대에 대한 수락 및 거절

요청, 제안, 초대를 받았을 경우 이에 대한 답변을 반드시 해주어야 한다. 수락을 할 경우에는 앞으로의 행위에 대한 언급을 해주어야 하며, 거절을 할 경우에는 요청을 이행하지 못하는 객관적인 이유와 상황에 대한 언급과 함께 사과의 표현이 들어가야 한다.

● 요청, 제안, 초대에 대한 동의

* 귀측의 요청을 (우리는) 받아들입니다.

　　　　검토하고 있습니다.

　　　　긍정적으로 검토했습니다.

　　　　가까운 시일에 우리 측이 이행할 것입니다.

　　　　　　　(нами) удовлетворена.

　　　　　　　рассмотрена.

Ваша просьба　решена положительно.

　　　　　　　может быть нами выполнена в ближайшее

　　　　　　　время.

* 우리는 귀측의 주문을 가까운 시일에 이행할 것입니다.
  정해진 시기에

Ваш заказ может быть нами в ближайшее время.
            выполнен   в установленные нами сроки

* 귀측의 요구가 채택되었습니다.
  귀측의 주문이

Ваш запрос   (нами) принят.
Наш заказ

* 귀측의 제안을 채택합니다.
            검토하고 있습니다.
* 귀측의 제안이 우리 입장에 맞습니다.

                     принято.
Ваше предложение   рассмотрено.
                     нас устраивает.

* 우리는 귀측의 제안을(초대를) 받아들이는 것이 가능하다고 생각합니다.
* 우리는 귀측의 요청을 받아들일 수 있습니다.

Мы сочли (считаем)   принять Ваше предложение
                          (приглашение) возможным.
Мы имеем возможность   удовлетворять Вашу просьбу.

* 우리는 귀측의 초대를 받아들입니다.
* 우리는 귀측의 초대를 감사히 수락 합니다 (받아들입니다).

Ваше приглашение   нами принято.

мы принимаем (приняли) с

благодарностью.

● 우리는 귀측의 주문을(귀측의 제안을) 받아들이는 것에 동의합니다.
   귀측의 요청을 받아들이는 데 동의합니다.

Мы согласны   принять Ваш заказ (Ваше предложение).

удовлетворить Вашу просьбу.

● 귀측의 요청(제안, 초대)에 대한 답변으로 우리가 동의함을 통보합니다.
● 당신의 요구와 관련하여

В ответ на Вашу просьбу (Ваше   сообщаем, что мы

предложение, приглашение)   согласны....

Относительно Вашего запроса

● **요청, 제안, 초대에 대한 답변 지연 통보 및 불확실한 답변**

● 귀측의 요청을(제안, 초대를) 검토하고 있습니다(검토, 연구 단계입니다).
   검토 중입니다.

   ~한 경우에 이행할 수 있습니다.

   ~의 조건 하에서 이행할 수 있습니다.

Ваша просьба   находится на рассмотрении

(Ваше предложение,   (в стадии рассмотрения,

приглашение)   изучения).

                                 передана(-о) на рассмотрение.

                                 может быть выполнена(-о) в

                                 случае... (в случае, если...)

при условии... (при условии, если...)

• 귀측의 제안을 연구하고 있습니다(검토하고 있습니다).
~의 조건 하에서 채택할 수 있습니다.
~의 경우에 채택할 수 있습니다.

Ваше предложение изучается (рассматривается).
может быть принято при условии...
в случае...

• 귀측의 제안을(초대를) 전적으로 채택합니다.

Ваше предложение (приглашение) в целом (нами) принимается.

• 귀측의 제안에 전적으로 동의합니다.

С Вашим предложением в целом согласны.

• 우리는 조건을 정확히 해야 합니다(시기를 변경해야 합니다).
하고 싶습니다.

Нам необходимо

нужно

надо

следует   уточнить условия (изменить сроки).

Мы   должны

хотим

хотели бы

• 귀측 제안(요구, 주문)을 검토한 결과에 대해 추가 사항을 알려 드립니다.

O результатах рассмотрения Вашего предложения (запроса, заказа) сообщим (информируем Вас) дополнительно.

• 검토 결과가 나오는 즉시 귀측에 답장을 보내겠습니다.

По получении результатов рассмотрения ответ Вам будет послан незамедлительно.

● 요청, 제안, 초대에 대한 거절

• 귀측의 요구(주문, 요청, 제안, 초청)에 대한 답변으로 ~를 유감스럽게 알려 드립니다.

• ~ 알려 드려야만 합니다.

В ответ на Ваш(-у, -е) запрос (заказ, просьбу, предложение, приглашение) с сожалением сообщаем...

должны сообщить...

вынуждены

• 귀측의 주문(요구, 제안, 초대)를 받아들일 수 없습니다.

Ваш(-е) заказ (запрос,   не может быть (нами) принят(о). предложение, приглашение) мы не можем принять.

• 귀측의 요청을 받아들일 수 없습니다.

Вашу просьбу мы не можем удовлетворить.

• 유감스럽게도, 귀측의 요구를 받아들일 수 없습니다.

Ваша просьба, к сожалению, не может быть удовлетворена.

* 귀측의 제안을 받아들이는 것이 불가능하다고 생각합니다.
* 귀측의 조건에 동의할 수 없습니다.

Мы не считаем возможным принять Ваше предложение.
Мы не имеем возможности согласиться на Ваши условия

(с Вашими

условиями).

* 우리는 이 문제를 재검토 할 것입니다.

귀측의 제안을

Мы можем (согласны) ещё раз вернуться к этому вопросу.

повторно рассмотреть Ваше

предложение.

실례 1

В ответ на Ваш запрос от 17 октября с. г. вышлем Вам технические характеристики машин (материалы прилагаются) и сообщаем, что Ваш заказ нами принят на условиях, подписанных нами 6 сентября с. г.

10월 17일자 귀측의 요구에 대한 답변으로 기게 기술 사양(자료 첨부)을 보내드리며, 귀측의 주문을 금년 9월 6일자로 서명한 조건 하에 채택하였음을 통보합니다.

В ответ на Ваше приглашение от 16 мая с. г. сообщаем, что мы его принимаем с благодарностью и в свою очередь просим Вас прибыть к нам с ответным визитом в приемлемые для Вас сроки.

금년 5월 16일자 귀측의 초청에 대한 답변으로 감사하게 초대를 수락함을 알려드리며, 또한 귀측이 편안한 시기에 우리측을 답방해 주실것을 요청하는 바입니다.

Сообщаем, что Ваш запрос от 18 мая с. г. находится в стадии рассмотрения.

О результатах рассмотрения Вашего предложения сообщим Вам дополнительно.

금년 5월 18일자 귀측의 요구를 검토중에 있음을 통보합니다. 귀측 제안 검토 결과에 관해서는 추후 통보하겠습니다.

■ 의견 피력

• 우리 의견을 피력 (기술)하겠습니다.

• 우리 측 입장을 표현하고 싶습니다.

• 귀측과 의견을 나누고 싶습니다.

Позвольте	
Разрешите	высказать (написать) наше мнение.
Мы хотим	выразить Вам наше отношение.
Мы бы хотели	поделиться с Вами своими мыслями.
Нам хотелось бы	
Мы должны	

* 우리는　 이것이 옳다고 생각합니다.
　　　　　 귀측이 옳다고
　　　　　 이것이 타당할 것이라고 확신합니다.

　　　 думаем,
Мы　 полагаем,　 что это верно.
　　　 считаем,　　что вю правы.
　　　 уверены,　　что так было бы целесообразнее.
　　　 убеждены,

---

* 우리는　 이 의견을 고수합니다.
　　　　　 다음 견해에 공감합니다,

Мы　 придерживаемся такого мнения...
　　　 разделяем следующую (такую) точку зрения...

---

* 우리는　 이러한 의견을 갖고 있습니다.
　　　　　 다음 견해를 갖고 있습니다.
　　　　　 이에 대한 이러한 태도를 갖고 있습니다.
　　　　　　　이러한 입장을 갖고 있습니다.

　　　 такое мнепис...
У нас　следующая точка зрения...
　　　 такое отношение к этому...
　　　 такая позиция ...

---

* 우리 의견은 이러합니다.
　　　 견해는 다음과 같습니다.
* 이 문제(당신의 제안)에 대한 우리 태도는 이렇습니다.

* 우리 입장은 이렇습니다.

Наше мнение   таково(такое)...
Наша точка зрения   следующая...
Наше отношение к этому вопросу
(к Вашему предложению)   таково...
Наша позиция   такая...

* 이것이 옳은 것 같습니다.
* 우리가 옳다고 생각합니다.
* 우리 의견이 옳다고 생각합니다.
* 우리 입장이 옳다고 생각합니다.

Нам   кажется, что это верно (правильно).
       думается, мы правы.
Мы думаем,   наше мнение правильно.
                наша позиция правильна.

* 우리 의견은 이렇습니다.
* (귀측 제안에 대한) 우리 입장은 이렇습니다.
* (이 문제에 대한) 우리 견해는 이렇습니다.

Таково наше   мнение
              отношение (к Вашим предложениям)
Такова наша точка зрения (на этот вопрос).

■ 동의의 표현

* 우리는 귀측의 의견에 동의합니다.
* 귀측의 편지에 피력한 의견에 동의합니다.
* 귀측에 동의합니다.
* 이것에 동의합니다.

	с Вашим мнением.
Мы согласны	с мнением, высказанным в Вашем письме.
	с Вами.
	с этим.

◦ (우리는) 귀측 의견(귀측 견해)에 공감합니다.

　　　　귀측과 의견을 같이 합니다.

　　　　이러한 의견을 고수합니다.

(Мы) Разделяем Ваше мнение (Вашу точку зрения).

(Мы) Присоединяемся к Вашему мнению.

(Мы) Придерживаемся того же (такого же) мнения.

◦ 우리는 귀측 의견에 반대하지 않습니다.

Мы не возражаем против Вашего мнения.

◦ 귀측이 절대적으로 옳습니다.

　　　　완전히

　　　　무조건적으로

Вы　абсолютно правы.

　　　совершенно

　　　безусловно

◦ 우리는 귀측이 옳다고 확신합니다.

　　　　귀측 의견이 옳다고 확신합니다.

　　　　귀측 결론이 (판단이) 옳다고 확신합니다.

Мы　уверены в том,　что Вы правы.

　　　убеждены,　　　что Ваше мнение правильно.

　　　　　　　　　　　что Ваши выводы (суждения) правильны.

* 우리 의견은 귀측과 일치합니다.

　　　견해는

　　　취향은

Наши　мнения с Вами　сходятся

　　　взгляды　　　совпадают.

　　　вкусы

Уважаемый профессор Никитин!

В последнем номере Вестника МГУ прочитала Вашу статью. На мой взгляд, Вы абсолютно правы.

Я полностью разделяем Ваше мнение.

존경하는 니끼찐 교수님!

모스크바국립대학 최근 소식지에서 교수님 논문을 읽었습니다.

제 견해로는 교수님이 절대적으로 옳습니다.

저는 교수님 견해에 전적으로 동의합니다.

■ 비동의의 표현

* 우리는　귀측 의견에 완선히(절대적으로, 무조건적으로) 동의하지 않습니다.

　　　귀측 편지에 피력한 의견에

　　　귀측에

　　　이것에

Мы совершенно (абсолютно, безусловно) не согласны

　　　с Вашим мнением.

　　　с мнением, высказанным в Вашем письме.

с Вами.

с этим.

* 우리는 귀측의 의견에   공감하지 않습니다.
                견해에
                        동의하지 않습니다.
* 우리는 이 의견을 (견해를) 고수하지 않습니다.

Мы не разделяем Вашего мнения.

Мы не можем разделить Вашу точку зрения.

присоединиться к Вашей точке зрения.

согласиться с Вашим мнением.

Мы не придерживаемся такого мнения.

(такой точки зрения).

* 귀측에 해명하겠습니다.
* 귀측에 동의하지 못함을 용서하십시오.
* 귀측에 실례를 무릎 쓰고 반대합니다.
        다른 의견을(견해를) 피력하겠습니다.

Мы позволим себе выразить Вам.

Позвольте не согласиться с Вами.

Разрешите возразить Вам.

высказать иное мнение (иную точку зрения).

* 이것이 그렇지 않다고 확신합니다.
* 귀측이 옳지 않다고
* 귀측 의견이 맞지 않다고 생각합니다.
* 귀측이 실수했다고 생각합니다.

(Мы)   Уверены, что это не так.

Убеждены, Вы не правы.

Думаем, Ваше мнение неправильно.

Полагаем, Вы ошибаетесь.

* 우리는 귀측에 반대의견을 내놓고 싶습니다.
* 우리는 귀측에 반대할 수밖에 없습니다.

Мы хотим

Мы хотели бы   возразить Вам.

Нам хочется

Мы не можем не

* 우리는 귀측 의견에 반대입니다.

Мы возражаем против Вашего мнения.

* 우리는 다른 의견을 갖고 있습니다.

У нас иное (другое) мнение.

* 귀측에 동의할 수 없습니다.

С Вами нельзя согласиться.

* 이것에 반대해야 합니다.

Против этого можно

                нужно   возразить.

                надо

                стоит

Многоуважаемый Сергей Антонович!

Вы высказываете мнение о том, что опыт, поставленный в нашей лаборатории, не оправдал себя.

С Вами невозможно согласиться.

대단히 존경하는 세르게이 안또노비치!
당신은 우리 실험실에서 나온 경험이 타당하지 않다는 의견을
피력하셨습니다.
당신 의견에 동의할 수 없습니다.

④ 비즈니스 레터 작성 규칙

비즈니스 레터에서는 각각의 단어와 표현이 특별한 의미를 갖고, 재해석이 허용되지 않도록, 정확성과 명료성을 띠어야 하므로, 비즈니스 레터는 엄격하게 형식화되어 있어, 규격에 맞도록 작성해야 한다.

비즈니스 레터는 다음의 내용을 포함한다:

(1) 제목

(2) 발신 장소와 날짜

(3) 현지주소

(4) 서신등록 번호 : 날짜와 주소 반대편인 왼쪽에 쓴다.

(5) 현지 주소 다음에 편지 용건을 언급한다 : Касательно, Касается (약어는 Кас.:) 또는 По вопросу о : (이 단어 다음에는 부호 : 사용)

(6) 호칭 : 중앙 별도의 행에 느낌표를 사용하여 호칭을 표현한다.
　　　　쉼표나 마침표를 사용할 수도 있다.

(7) 편지 본문

(8) 부록 :
편지에 첨부되는 문서나 자료가 있을 경우, 편지 왼쪽에 Приложения (부록) 라고 쓰고, 첨부되는 문서 명칭과 수량 또는 페이지를 쓴다. 상용편지나 비즈니스 레터는 종이 뒷면에는 내용을 기입하지 않는다. 만일 편시 내용이 한 페이지로 부족할 경우, 두 번째, 세 번째 페이지를 사용하고, 쪽 번호를 매기도록 한다.

(9) 결어
С уважением, С глубоким уважением이 자주 사용되고, С почтением이 드물게 사용된다.

(10) 편지 끝 부분 왼쪽에 직위 명을 쓰고, 오른 쪽에 자필 서명을 한다. 오른쪽에 괄호를 쳐 성을 쓴다.

Заголовок

(название и адрес организации-отправителя)

(место и дата)

Ваша пометка (или №)

Наша пометка (или №)

Наименование и адрес получателя (внутренний адрес)

____

КАС :

(Текст письма)

____

____

____

____

____

____

ПРИЛОЖЕНИЯ :

(Формулы вежливости)

(Должность)   (подпись)   (Расшифровка подписи)

■ 비즈니스 레터의 양식

제목

(발신 조직의 명칭과 주소)

(장소와 일자)

서신 번호

수신자의 명칭과 주소

편지 용건

(본문 내용)

부록 :

(결어)

(직위명)   (서명)   (스탬프)

 **개인 편지 쓰기** 개인 공식 서한과 비공식 서한

 **1 편지 첫 부분**

비즈니스 레터에서는 편지 발신 장소와 날짜를 오른 편에 쓰는 것이 필수적인 사항이지만, 개인 편지에서는 편지 시작 오른 쪽이나, 끝 부분에 쓸 수도 있다. 날짜를 쓸 때, 비즈니스 레터에서는 완전한 단어를 쓰는 것을 제안하였지만, 개인 공식 서한에서는 아라비아 숫자나 로마 숫자를 사용할 수도 있다. 개인 비공식 서한에서는 연도를 생략할 수 있고, 그 대신 요일이나 시간을 쓸 수 있다.

개인 공식 서한

(1) 발신 장소와 날짜
(2) 호칭

개인 비공식 서한

(1) 발신 장소와 날짜
(2) 인사
(3) 호칭

실례   **개인 공식 서한**

Москва, 11 января 2004 г.

Многоуважаемый Николай Викторович!

2004년 1월 11일, 모스크바

심히 존경하는 니꼴라이 빅또로비치!

■ 호칭

● 개인 공식 서한

개인 공식 서한에서는 호칭으로 이름과 부칭을 사용하는 것이 가장 정중한 표현이 된다 : Иван Иванович!, Анна Петровна! 만일 이름과 부칭을 모를 경우에는 성을 사용하여 호칭 표현을 Господин Петров!, Госпожа Борисовна! 성을 모를 경우에는 직위명을 사용한다: Уважаемый профессор! Многоуважаемый товарищ декан!

дорогой(-ая, -ие) 단어와 함께 호칭을 한다: Дорогой товарищ Семёнов! Дорогая Мария Сергеевна!

Многоуважаемый Николай Николаевич!
Я хочу обратиться к Вам с вопросом...

대단히 존경하는 니꼴라이 니꼴라예비치!
당신께 질문을 하고 싶습니다.

Уважаемый товарищ редактор!
У меня просьба...

존경하는 편집장님!
제게 부탁이 있습니다.

●개인 비공식 서한

편지 수신인과 발신인의 상호 관계, 친한 정도, 편지의 내용에 따라 이름과 부칭, 지소형, 애칭(Валечка, мамочка) 등을 사용한다. догогой가 들어가는 호칭은 아주 광범위하게 사용된다. 이때 дорогой는 중립적 성격을 띤다. милый, родной는 애정이 담긴 호칭 표현이며, многоуважаемый는 공식적인 성격을 갖는다.

- 소중한　　꼬스쨔!
- 친애하는　까쨔!
- 사랑하는　꼰스딴찐 세르게예비치!
　　　　　삼촌, 할아버지!
- 친애하는　친구!

Дорогой(-ая, -ие)	Костя (Константин, Костенька)
Милый(-ая, -ые)	Катя (Катенька)
Любимый(-ая, -ые)　(мой, моя, мои)	Константин Сергеевич! дядя, дедушка!
Родной(-ая, -ые)	друг (подруга)!

- (나의) 소중한
　　친애하는

사랑하는

친애하는

Дорогой(-ая, -ие)

Милый(-ая, -ые)

Любимый(-ая, -ые)　　　(мой, моя, мои)

Родной(-ая, -ые)

- 꼬스쨔!
- 까쨔!
- 꼰스딴찐 세르게에비치!

Костя (Костенька)!

Катя (Катенька)!

Константин Сергеевич!

- 엄마!
- 뻬쨔 아저씨!
- 아들아!
- 딸아!

Мамочка!

Дядя Петя!

Сын (Сынок, Сыночек)!

Дочка (Доченька)!

실례 1

Дорогая Людмила Ивановна!

Большое спасибо за Ваше милое письмо...

소중한 류드밀라 이바노브나!
당신의 친절한 편지에 매우 감사하고 있습니다.

2

Саша, дорогой!
Приехал вчера в Москву, осмотрелся и хочу описать впечатления...

친애하는 샤샤!
어제 모스크바에 도착해서 도시 구경을 했어. 내 느낌을 쓰고 싶어.

3

Голубчик мой, родная Лала!
Как я скучаю без тебя!...

내 사랑, 친애하는 라라!
네가 얼마나 보고 싶은 지 몰라…

■ 인사

비즈니스 레터, 특히 상용편지는 인사를 포함하지 않지만, 개인 편지에서는 인사가 편지 시작의 중요한 부분이다.

개인 공식, 비공식 서한은 (1) 호칭, (2) 인사와 호칭, (3) 호칭과 인사, (4) 인사로부터 시작할 수 있다.

● 안녕하세요?

Здравствуй(-те)!
Добрый день!

● 인사드리겠습니다!

- 인사드려요!

- 인사드리게 되어 기쁩니다!

Разрешите
Позвольте приветствовать Вас!

Приветствую(-ем) Вас!

Рад(-а, -ы) Вас приветствовать!

- 당신께 (너에게) (큰, 뜨거운) 안부 인사를 보냅니다!

Шлю (Шлём) Вам (тебе) (большой, горячий) привет!

- 안녕!

Привет!

Здорово!

Tip

1 Здравствуйте! Добрый день! 등이 문체적으로 중립적이면서, 자주 사용되는 인사 표현이다.

2 приветствовать는 공식적인 성격을 띠는 인사 표현법이다.

3 인사에서 Шлю (Шлём) привет 표현은 공식적, 외교적 인사 편지나 전보 등에서 사용된다.

4 인사를 하면서 편지 발신 장소를 언급하기도 한다. : Приветствую Вас из Крыма! Шлю Вам привет с борта теплохода!

5 приветствую, привет로 하는 인사에는 희망, 기원, 축하 등의 내용을 담기도 한다.

  예 Петя! Привет из Крыма и наилучшие пожелания!
Сердечно приветствую участников Международной
научной конференции и желаю успехов в работе.

Глубокоуважаемая Мария Андреевна, рад приветствовать Вас из Киева!

Дорогой друг! Шлю тебе мой привет и пожелания успехов в работе семинара!

Разрешите приветствовать Вас, уважаемый Николай Александрович, и пожелать успехов.

2 편지 끝 부분

인사(편지를 써달라는 요청 등)와 서명으로 편지를 마친다. 편지 첫 부분에 발신 날짜와 장소를 기입하지 않을 경우, 편지 끝 부분에 쓴다.

편지 끝 부분은 일반적으로 다음과 같이 구성된다.

(1) 결어

(2) 답신 요청

(3) 향후 정기적인 서신교환에 대한 바램

(4) 사과, 축하, 기원의 표현

(5) 감사

(6) 안부인사와 안부 전달 요청

(7) 작별인사와 작별 표현

(8) 경의, 우정, 사랑 확인

(9) 서명

(10) PS

- 모든 이야기를 다 썼기를, 기술했기를 바란다.
- 모든 질문에 답을 다 했으리라 생각한다.

Надеюсь, что   описал(-а), изложил(-а) всё.
Думаю,   ответил(-а) на все вопросы.

- 다 쓴 것(전달 한 것) 같습니다.

(Кажется,) Я написал(-а) (сообщил, -ла) всё.

- 여기까지 쓰겠습니다.
- 그만 쓰겠습니다.

На этом (я) кончаю.
             заканчиваю.
Пора кончать (заканчивать).

- 이게 다야.
- (이번에는) 다 쓴 것 같다.

(Ну) Вот (пока) и всё.
(Ну) У меня (как будко) всё (на этот раз)

- 여기 일은 (뉴스는) 그래.
- 더 이상 새로운 소식은 없어.

Вот такие дела (новости).
Новостей больше нет.

* 이로써 편지를 마칩니다.

* 더 이상 새로운 소식이 없는 것 같군요, 편지가 길어진 것 같습니다.

* 자, 이제 그만 쓸게.

На этом письмо кончаю.

Новостей больше, кажется, нет, да и письмо получилось длинное.

Ну довольно (хватит, достаточно, ладно).

■ 답신 요청 표현

* 제 편지에 답장을 (빨리, 가능하면 빨리) 보내주시길 부탁드립니다.

(Очень) Прошу Вас (тебя)

(Я) Хочу просить Вас (тебя)

(Я) Хотел(-а) просить Вас (тебя)

Мне хочется попросить Вас (тебя)

(срочно, как можно быстрее) ответить на моё письмо.

* 잊지 말고 편지 써.

* 편지 써.

* 편지 주세요.

* 편지 쓰는 것 잊지 마세요.

* 네 소식 전해줘

Не забывай(-те), пиши(-те).

Пиши(-те)

Напиши(-те)

Не забывай(-те) писать.

Дай(-те) о себе знать.

● 너에 대해(네 일, 생활, 직장에 대해) 편지 써.

● 어떻게 사는 지, 어떻게 지내는 지 편지 줘.

Пиши(-те) о себе (о своих делах, о жизни, о работе).

Пиши(-те) о том, как живёшь(-ёте), как идут (твои, Ваши) дела.

■ 정기적인 서신 교환에 대한 바램

● 당신 답장을 (편지를, 소식을) 애타게 기다고 있습니다.

С (большим, огромным) нетерпением (интересом) жду Вашего (твоего) ответа (письма, сообщения, известия).

● 당신 답장을(편지를, 소식을, 엽서를) 받고 싶습니다.

Хочу

Хотел(-а) бы

(Очень) Хочется   получить Ваш (твой) ответ

Хотелось бы   (письмо, весточку, открытку).

Надеюсь

Мечтаю

● (내게) (빨리) 답장 주기를 바란다.

    편지 쓰기를

    응답주기를

Надеюсь, что (быстро, скоро)   ответишь(-ите) (мне).

Верю,   напишешь(-ете) (мне).

                     отзовёшься.

                     откликнешься.

■ 사과, 축하, 기원 , 감사의 표현

- 다시 한번 감사드립니다.
- 축하드립니다.
- ~를 바랍니다.
- 사과드립니다.
- 저의 축하와 소망을 당신께 전합니다.

Ещё раз	разрешите	поблагодарить Вас...
	позвольте	поздравить Вас...
	хочу	пожелать Вам...
	хотел(-а) бы	извиниться перед Вами...
	хотелось бы	

Ещё раз шлю (шлём) Вам мои (наши) поздравления и пожелания.

- 다시 한 번 감사합니다.
  축하드립니다.
  ~를 바랍니다.
  사과드립니다.
  저를 용서해주실 것을 부탁드립니다.

	благодарю Вас (тебя) (за...)
	поздравляю Вас (тебя) (с ...)
Ещё раз	желаю Вам (тебе)...
	извини(-те) (меня) (за...)
	прошу меня извинить...

■ 안부인사, 안부 전달의 표현

* (따뜻한) 안부 인사를 당신 남편께(부모님께) 전합니다.
* 안부와 축원을

(Горячий) Привет   твоему мужу (твоим родителям).

Привет и наилучшие пожелания

* 제 남편(제 아내, 제 아이들, 친구들)의 안부와 축하 인사를 받아주세요.
* 제 남편(제 아내)이 당신께 안부 인사를 전합니다.

인사드립니다.

Прими(-те) привет и поздравления от моего мужа

(моей жены, моих детей, знакомых).

Мой муж (моя жена)   передаёт(-ют) Вам (тебе) привет.

шлёт(-ют) привет.

Вам (тебе) кланяется(-ются).

* 당신의 남편(부인, 가족)께 (진심 어린, 따뜻한) 안부 인사를 전해 주십시오.

Передай(-те) (сердечный, горячий) привет Вашему
(твоему) (Вашей, твоей, Вашим, твоим) супругу (супруге,
семье).

* 당신 동료들께 안부 인사(축하, 축원)을 전하고 싶습니다.

Разрешите

Позвольте   передать привет (поздравление,

(Я) Хочу   пожелание) Вашим коллегам.

(Я) Хотел(-а) бы

Мне хотелось бы

- 안녕히 계십시오.
- 다시 곧 만날 때까지!
- 안녕!

До свидания!
До скорого свидания!
Прощай(-те).

- 잘 지내세요!

(Ну) Всего хорошего!
Всего доброго!

- 만날 때까지!
- 곧 만날 때까지!
- 여름에 만날 때까지!

До встречи!
До скорой встречи!
До лета!

- 안녕!

С приветом!

- 포옹을 하며!
- 입맞춤을 하며!
- 손을 (꽉) 잡으며!

Обнимаю!

(Крепко) Целую!

(Крепко) Жму руку.

* 건강하세요!
* 아프지 마세요!

Будьте здоровы.

Не болейте.

* 모두의 안녕을 기원합니다.

Всех Вам (тебе) благ.

* 행복하길! 잘 지내길! 안녕! 잘 있어!

Счастливо! Всего! Привет! Пока!

■ 존경, 사랑, 우정의 표현

* (깊은, 진심 어린) 존경심을 갖고…
* 당신을 존경하는…
* 당신의(너의)…
* 당신을(너를) 사랑하는(기억하는)…

С (глубоким, искренним) уважением...

Уважающий Вас...

Ваш(-а, -и) (твой, -я, -и)...

Любящий(-ая, -ие) (Помнящий, -ая, -ие) тебя (Вас)...

■ 서명

  편지 끝에 서명을 할 때는 편지 왕래자 사이에 사용된 호칭에 따라야 한다. 이 편지 왕래자 간에 이름과 부칭으로 호칭했다면, 발신인을 편지 끝 부분에 이름과 부칭을 쓰고, 이름이나 지소형, 애칭으로 불렀다면, 이에 일치시켜 서명을 해야 한다.

  예 твоя Аннушка, мама 너의 안누쉬까, 엄마

  공식적인 개인 서신에서는 주로 발신자의 성이나 이름과 부칭을 사용한다.

Письмо	편지
Уважаемый Андрей Петрович!	존경하는 안드레이 뻬뜨로비치!
....	....
С уважением	존경심을 갖고
Мария Дмитриевна	마리야 드미뜨리예브나

Ответ	답장
Уважаемая Мария Дмитриевна!	존경하는 마리야 드미뜨리예브나!
....	....
Ваш Н. Макаров.	당신의 마까로프

Письмо	편지
Дорогой Женя!	소중한 제냐!
....	....
Крепко жму руку.	너의 손을 꽉 잡으며…
Алексей.	알렉세이

■ P.S. 표현

P.S.는 서명 뒤에 추가되는 내용이다. 첫 번째 추가는 P.S. (постскри-
птум), 두 번째 추가는 P.P.S.(постпостскриптум)로 표현한다. 그 뒤에
Ещё одна новость... 등의 문장이 뒤따른다. 개인적인 편지에서는 P.S.표시
없이 내용을 추가할 수 있다.

● ~를 추가적으로 알립니다.

Дополнительно сообщаем, что...

● ~를 추가하고, 덧붙이고 싶습니다.
● ~를 추가하고 덧붙여야 합니다.

(Ещё) (я) Хочу добавить, что...
(Ещё) Должен(-а) прибавить,

● 뉴스가 하나 있습니다.
● ~를 (방금) 지금 알았습니다.
                 제게 전해주었습니다.
                 제게 말해주었습니다.
                 제게 전해주었습니다.

Ещё (одна) новость.

(Только) Сейчас узнал(-а),

      мне сообщили, что....

      мне сказали,

      мне передали,

- 소식이 하나 있습니다.
- ~를 말하는 것을 완전히 잊었습니다.

  쓰는

  전하는

Да, ещё одна новость.

Да, совсем забыл(-а) сказать,

      написать, что

      сообщить,

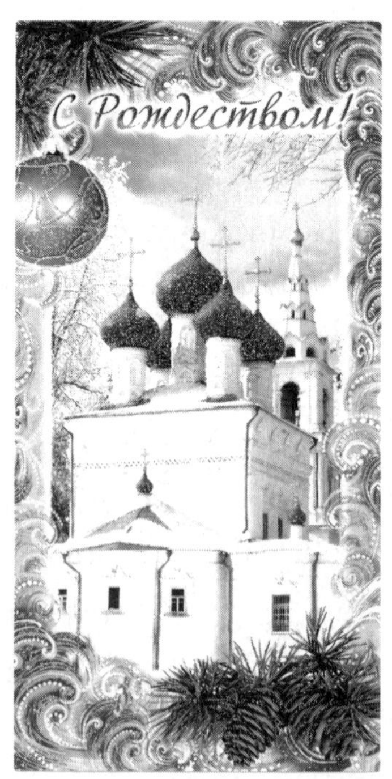

③ 편지 본문

■ 정보 삽입 표현

* (저는) (조금) (몇 (한 두)마디) 저에 대해 말하겠습니다.
  일에 대해 쓰겠습니다.
  사건에 대해 전하겠습니다.
  새로운 소식에 대해

(Я) (немного) (в нескольких	расскажу	о себе.
(в двух) словах)	напишу	о делах.
	сообщу	о событиях.
		о новостях.

* 새로운 소식을 전하고 싶습니다.
* 일에 대해 쓰고 싶습니다.
* ~에 대해 이야기해야 합니다.
* 새로운 소식을 서둘러 알려야 합니다.
* 일에 대해 이야기하고 싶습니다.

(Я) Хочу	сообщить новость.
Хотел(-а) бы	написать о делах.
Должен(-на)	рассказать о том, что...
Могу	поделиться новостью
Спешу	(мыслями)
	поговорить о делах.

* (저는) (빨리) 하고 싶습니다.
  해야 합니다.

서둘러야 합니다.

(Мне)
Хочется (скорее)...
Хотелось бы...
Надо ...
Нужно...
Необходимо...
Не терпится...

• 차례대로 이야기(시작)하겠습니다.　　첫째, 둘째, 셋째…
• 새로운 소식은 이것입니다.

Расскажу (Начну) по порядку.　Во-первых, ... Во-вторых, ...
Новости такие.　　　　　　　　В-третьих, ...

• 바로 이것이 몇 가지 뉴스입니다.
　　주요 사건입니다.

Вот　некоторые　новости.
　　главные　　события.

• 새로운 소식 (전달 사항)이 있습니다.
• 뉴스가(소식이) 많습니다.

у меня есть (для тебя, Вас) новость (известие, сообщение).
　　масса (много) новостей (известий).

• 다음의 사건들이 일어났습니다.
• 기쁜 뉴스입니다!
• 불유쾌한 뉴스입니다!

* 놀랄만한 사건입니다!
* 센세이션을 불러일으킬 소식입니다!

Произошли следующие события.

Приятная(-ое, -ые)   новость(-и)!
Неприятная(-ое, -ые)   известие(-я)!
Потрясающая(-ее, -ие)   событие(-я)!
Сенсационная(-ое, -ые) сообщение(-я)!

* 뉴스가 많습니다!
* 사건이 많습니다!

Масса   новостей!
Много   событий!

* (특별한) 뉴스는 없습니다만, 단지…
* (큰) 사건은 없습니다만, 과연…
* (별) 소식은 없습니다만, 사실…

(Особых)   Новостей   Вот только...
(Больших)   Событий   нет.   Вот разве...
(Никаких)   Известий   Правда,...

* 별 일 없습니다.
* (우리는) 모든 게 그대로 입니다.
* (우리는) (모든 게)(특별한) 변화가 없습니다.

Ничего нового.
(У нас) Всё по-старому.
(У нас) (Всё) Без (особых) изменений.

⊛ (지금) 일에 대해 간단히 쓸게.

　　　 내 자신에 대해 빨리 쓸게.

　　　 사건에 대해 쓸게.

(Теперь) Коротко　о делах (о деле).

　　　 Сразу　о себе.

　　　　　о событиях.

⊛ 일 이야기로 넘어 가자.

⊛ 새로운 소식으로 넘어 가자.

Перехожу　к делам (к делу).

　　　　к новостям.

⊛ 일은 정상적으로 진행되고 있어.

⊛ 내 생활은 좋아.

　　　 그저 그래.

　　　 그대로야.

Дела мои идут　нормально.

Жизнь моя идёт　хорошо.

　　　　неважно.

　　　　по-старому.

⊛ 이제 일에 대해 쓸게.

⊛ 그럼 이제 일에 대한 질문이야.

⊛ 그럼 일에 대해 이야기하자.

⊛ (이제) 질문에 답하겠습니다.

⊛ (그럼 이제) 대답할게.

Теперь о деле (о делах).

А теперь деловые вопросы.

А теперь поговорим о деле (о делах).

(Теперь) (Я) Отвечу (тебе, Вам) на вопросы.

(А сейчас) (Я) отвечаю.

* 너는 (우리 집에) 뭐 새로운 게 없냐고 물었지.
                                        썼지.

Ты (Вы)   спрашиваешь(-ете), что (у нас) нового.
          пишешь(-ете)

* 네가 관심을 갖는 것은 …
    불안해하는 것은 …
    걱정하는 것은 …

Тебя (Вас)   интересует(-ют)...
             волнует(-ют)...
             беспокоит(-ят)...

* ~가 일어났는지 아니.
* 어떤 새로운 소식이 있는지 아니.

Знаешь(-ете),   что произошло (случилось)...
                 какие новости...

* 새 소식이 뭐냐고?
* 무슨 일이 일어났는지?
* 무슨 일이 벌어 졌는지?

Что (у нас)   нового?

              произошло?

              случилось?

---

* (우리 집에) 어떤 뉴스가?

              사건이?

              소식이?

Какие (у нас) новости?

               события?

               известия?

---

* 우리에게 무슨 일이 일어났냐고?

Что у нас?

---

* ~를 이야기하는 것을 모두 잊어버렸어.
   전하는 것을 (완전히)
   쓰는 것을

(Да,) Всё забываю (тебе, Вам)   рассказать...

(Да,) (Совсем) Забыла (тебе, Вам) сообщить...

                                   написать...

---

* 일에 대해 썼는지를 기억하지 못하겠어.

* ~에 대해 전했는지를 기억이 나질 않아.

(Я) Не помню, писал(-а) ли (я)... о делах...

               сообщал(-а) ли (я) о том, что...

● 문제는 ~입니다.

Дело в том, что...

Мне хочется поделиться с Вами нашими новостями. Вы знаете, что вышла книга О. Н. Волонова и вокруг неё большая дискуссия. Было обсуждение этой книги и у нас на кафедре. Хотя мнения разделились, книга была одобрена.

А что Вы думаете об этой работе?

당신에게 우리 뉴스를 알리고 싶습니다. 볼로노프의 책이 출간되었고, 그와 관련해 대토론이 벌어지고 있음을 알고 있을 것입니다. 우리 과에서도 이 책에 대한 토론이 있었습니다, 의견이 분분했지만, 책은 승인되었습니다.

이 일에 대해 어떻게 생각하십니까?

Мы живём по-строму. Новостей как будто нет. Вот только одно : у Миши родился сын. Да, ещё совсем забыл. Потрясающая новость! Наконец-то женился Вадим. Представляешь?

우리는 예전 그대로 살고 있어. 뉴스는 없는 것 같아. 딱 한가지 뉴스만 있어. 미샤가 아들을 낳았어. 그리고, 또 한가지를 잊었네. 놀랄만한 뉴스! 마침내 바짐이 결혼했어. 상상이 되니?

■ 접속의 표현

● 연결의 표현

　● 그런데 ~를 전달하는 것을 잊어 버려서 죄송합니다.
　　　　　　쓰는 것을
　　　　　　말하는

Извини(-те), (совсем) забыл(-а, -и)

Да, (ещё)　　　　　　　　　(надо) Вам (тебе) сообщить

Да, совсем забыл(-а, -и)　　(написать, сказать),

Кстати,　　　　　　　　　что...

Между прочим,

Ещё

　● ~를 더 써야 합니다.
　● ~ 외에 더 말하고 싶습니다.
　● ~를 덧붙여야 합니다.

Надо

Нужно　　　　　　ещё　　　　　написать

(Я) Хочу　　　　　кроме того　　(рассказать,

(Я) Должен(-жна)　к тому же　　прибавить)...

(Мне) Хочется

　● 이것에 ~를 추가합니다.
　● ~ 외에 …를 덧붙입니다.

Добавлю　　　к этому, что...

Прибавлю　　такие, что...

Присоединю   кроме того, что...

                  кстати, что...

● 대구의 표현

- 그러나
- 한편   ~를 말해야 합니다.
- 이 일에도 불구하고,   써야 합니다.
- 사실
- 단지

Однако

Но   (я) должен(-жна)

Тем не менее,   (я) вынужден(-а)   сказать...

Несмротря на это,   (мне) надо   написать...

Правда,   (мне) нужно

Только,

● 결론의 표현

- 따라서, ~를 써야 합니다.
- 결론적으로, ~를 말해야 합니다.
- 편지를 마치며, ~를 알리고 싶습니다.
- 따라서, ~를 말하고 싶습니다.

Итак,   (мне) необходимо   написать...

В заключение   (мне) надо   сказать...

Кончал письмо,   (я) хочу   сообщить...

Таким образом,   (мне) хотелось бы   рассказать...

● 순차적 연결 표현

* 첫째, 먼저, 무엇보다도 먼저, 우선,

* 둘째, 셋째, ~외에, ~끝으로

* 그 외에…

Во-первых, В первую очередь, Прежде всего, Сначала
Во-вторых, В-третьих, Кроме того, Наконец,
К тому же ещё...

Ольга Николаевна, извините, забыл Вам сообщить, что книга Виктора Петровича уже вышла и пользуется большим спросом. Достаточно сказать, что продавалась она в нашем магазине только день. Тем не менее мне удалось купить и для себя, и для своих знакомых. Правда, больше никто из наших студентов не смог её купить.

Очень жаль!

올가 니꼴라예브나, 죄송합니다만, 빅또르 뻬뜨로비치의 책이 출간되어 큰 인기를 누리고 있는 사실을 알리는 것을 잊었습니다. 우리 서점에서 그 책이 단 하루만에 다 나간 것만으로도 그 인기를 가늠할 수 있습니다. 다행히도 저는 저와 제 지인들의 책은 살 수 있었습니다. 사실, 우리 대학생들 중 아무도 더 이상은 그 책을 살 수 없었습니다.

매우 유감입니다!

■ 서신 교환 상태 언급

편지 시작 부분 다음에 서신 교환 상태를 언급하는 것이 러시아어 편지의 특징이다.

편지 왕래 상태에 대한 기술은 다음과 같은 내용을 포함한다 :

(1) 편지 수신(미수신) 확인
(2) 서신 교환에 대한 기쁨, 만족, 또는 불만 표현
(3) 답장이 없는 것에 대한 질책
(4) 오래 동안 편지를 쓰지 못한 것에 대한 발신인 측의 사과

* 당신의 답장을(편지를, 전보를, 엽서를, 소포를, 소식을) 받았습니다.
* 당신이 쓴 편지를 받았습니다..
* 당신의 편지를(엽서를, 전보를) 받았습니다.

Ваш(-е, -у, -и)   ответ (письмо, телеграмму,
(твой, -ю, -ё, -и)   открытку, посылку, весточку)
Ваше (твоё) письмо, в котором Вы (ты) пишете(-ешь),
Письмо (открытку, телеграмму) от Вас (тебя)
                    я (мы) получил(-а, -и).

---

* 당신의 편지에 대한 답장으로 ~를 알립니다.
                         서둘러 알립니다.
                         알려야 합니다.
                         알리고 싶습니다.

В ответ на Ваше (твоё) письмо сообщаю,
                    спешу сообщить,   что...
                    должен(-жна) сообщить,
                    хочу сообщить (рассказать),

---

* 당신의 편지에서 ~를 알았습니다.

Из Вашего (твоего) письма я (мы) узнал(-а, -и)...

* 당신은 편지에 쓰셨습니다.

В (своём) письме Вы (ты) пишете(-ешь)...

* 당신이 약속한 편지를 받지 못했습니다.

Обещанное (Вами) письмо не получил(-а, -и)...

* 오래 동안 당신의 편지를 받지 못했습니다.
* 오래 동안 당신의 편지를 받지 못하고 있습니다.
* 벌써 한 달째 당신으로부터 편지가 없습니다.
* 일주일 동안 당신으로부터 편지가 없습니다.

Долго	не получал(-а, -и)	
Давно	не получаю	Ваших (твоих) писем.
Уже месяц	не было	от Вас (тебя) писем.
В недели	нет	

* 왜 당신은 편지를 쓰지 않나요?
  침묵하고 있나요?
  답장을 보내지 않나요?

Почему Вы (ты)	не пишете(-ешь)?
	молчите(-ишь)?
	не отвечаете(-ешь)?

* (저는) ~ 때문에 당신께 정기적으로 자주 편지를 씁니다.
  서둘러

가끔

모스크바에서

(Я) Пишу Вам (тебе)	регулярно и часто,	
	в спешке,	потому что…
	редко,	
	из Москвы	

* 오래 동안 편지를 쓰지 못했습니다.
* 이미 한 달 째 당신의 편지에 답장을 하지 못했습니다.

Долго	
Давно	не писал(-а) Вам (тебе).
Уже месяц	не отвечал(-а) на Ваше (твоё) письмо.

* 마침내 너의 편지에 답장을 쓴다.
* 이제야 답장을 쓰려고 해.
* 마침내 편지를 쓰려고 앉았어.

Наконец	отвечаю на твоё письмо.
Вот когда только	собрался(-ась) ответить.
Вот когда наконец	сел(-а) за письмо.

실례 1

Уважаемый Юрий Павлович!

Получил Ваш ответ на моё письмо и хочу поблагодарить Вас за внимание ко мне.

존경하는 유리 빠블로비치!

당신의 답장을 받았습니다. 저에 대한 관심에 감사드리고 싶습니다.

> **2**
>
> Милая Наташенька!
>
> Пишу тебе только сейчас, так как наконец-то закончил сдавать экзамены.
>
> 친애하는 나따쉔까!
> 마침내 시험이 끝나서 이제서야 편지를 쓴다.

■ 건강, 사업, 생활에 관한 질문

건강, 사업, 생활에 관한 질문은 비공식적 편지의 특징이다. 공식적인 편지에서는 서신 왕래자가 서로 동등한 관계일 경우에만 이러한 질문을 할 수 있다.

- 어떻게 지내세요?
- 어떻게 사십니까?

Как (Вы) живёте (ты живёшь)?

Как (Вы) поживаете (ты поживаешь)?

- 일은 어떻게 되갑니까?
- 당신 생활은 어떤가요?

Как идут (Ваши, твои) дела?

Как (Ваша, твоя) жизнь?

- 몸 상태는 어떻습니까?
- 당신 건강은(기분은) 어떻습니까?

Как (Вы) себя чувствуете (ты себя чувствуешь)?

Как (Ваше, твоё) здоровье (самочувствие)?

• 모든 일이 잘 되고 있나요?

• 모든 일이 순조롭나요?

Всё ли (у Вас, у тебя) хорошо?

Всё ли (у Вас, у тебя) в порядке?

• 당신 가족은 모두 건강하신가요?

Все ли (у Вас, у тебя) здоровы?

• 너는 어떠니?

• 생활은 어떠니?

• 일은(성공은, 직장은, 학업은, 기분은) 어떠니?

Как ты?

Как жизнь?

Как дела (успехи, работа, учёба, настроение)?

• 뭐 새로운(재미있는) 일 없니?

• 뭐 들은 것 없니?

• 레나에 대해 무슨 소리 들었니?

• 너에게 무슨 일 있니?

Что нового (интересного)?

Что слышно?

Что слышно о Лене?

Что у тебя?

• 어떤 새 소식이 (변화가) 있니?

• 미래에 대한 계획은 무엇입니까?

Какие новости (изменения)?

Какие планы на будущее?

● 지금 무엇을 하시나요?

● 겨울에 무슨 일을 하려고 하세요?

Что Вы (ты) сейчас делаете(-ешь)?

  собираетесь(-ешься) делать зимой?

● 무슨 일을 하고 계십니까?

● 무슨 일에 심취하고 있나요?

Чем Вы (ты) (сейчас) занимаетесь(-ешься)?

  увлекаетесь(-ешься)?

■ 건강, 사업, 생활 관련 질문에 대한 답변

● 우리가(내가) 어떻게 사는 지 물으셨지요.

● 우리(내) 생활이 어떤 지 물으셨지요.

● 내 일이 어떤 지 물으셨지요.

● 내 몸 상태가 어떤 지 물으셨지요.

● 내 건강(기분)이 어떤 지 물으셨지요.

● 우리가 (내가) 잘 지내는 지(순조롭게 지내는 지) 물으셨지요.

● 우리에게(내게) 새로운 소식(재미있는 일)이 있는 지를 물으셨지요.

● 우리에게(내게) 어떤 뉴스가 있는 지를 물으셨지요.

Вы спрашиваете (ты спрашиваешь),

  как мы живём(я живу).

  как наша (моя) жизнь.

как идут наши (мои) дела.

как наши(мои) дела.

как я себя чувствую.

как моё здоровье (самочувствие).

всё ли у нас (у меня) хорошо (в порядке).

что у нас (у меня) нового (интересного, слышно).

какие у нас (у меня) новости.

* 우리는 모든 것이 좋습니다.

　　　　순조롭습니다.

　　　　그대로 입니다.

　　　　변화가 없습니다.

У нас всё　　хорошо.

　　　　в порядке.

　　　　по-старому.

　　　　без изменений.

* 우리는 (나는)　나쁘지 않게　　살고 있습니다.

　　　　잘　　　　　　생활하고 있습니다.

　　　　별 일 없이

　　　　그대로

　　　　이전처럼

　　　　그다지 좋지 않게

Мы живём (Я живу)　　неплохо.

Жизнь наша (моя)　идёт　хорошо (прекрасно).

　　　　течёт　ничего.

без изменения.

по-старому.

как и раньше.

не очень хорошо.

• 우리는 (당신에게도 바라는 바지만) 건강하게 잘 살고 있습니다.

Мы живы-здоровы (того и Вам (тебе) желаем).

• 제 건강은 나쁘지 않습니다.

　좋습니다.

　괜찮습니다.

　그대로입니다.

　더 나빠지지 않았습니다.

　(상당히) 더 좋아졌습니다.

　나쁩니다.

　좋지 않습니다.

　그저 그렇습니다.

Со здоровьем у меня　неплохо.

　хорошо.

　ничего.

　по-старому.

　не хуже.

　(значительно) лучше.

　плохо.

　неважно.

　сносно.

◦ 건강이 나쁘지 않습니다.

На здоровье (На жизнь) не жалуюсь (не жалуемся).

◦ 기분은　나쁘지 않습니다.
◦ 건강은　좋습니다.
　　　　　여전합니다.
　　　　　그대로입니다.
　　　　　좋지 않습니다.
　　　　　나쁩니다.
　　　　　더 나빠졌습니다.

Самочувствие　неплохо.
Здоровье　хорошо.
　　　　　как никогда.
　　　　　по-старому.
　　　　　неважно.
　　　　　скверно.
　　　　　хуже некуда.

◦ 건강에 대해 무엇을 말해야 할지 모릅니다.
　생활에 대해
　계획에 대해

О делах
О здоровье　　не знаю, что и сказать.
О жизни
О планах

* 아직까지 저는 아무런 계획이 없습니다.

У меня (У нас) пока нет никаких (планов).

* (우리의, 나의) 계획은 확정되지 않았습니다.

　　　　　　　　　불분명합니다.

　　　　　　　　　(많은) 상황에 달려 있습니다.

* ~로 가고 싶습니다.

* ~를 다녀오고 싶습니다.

* 쉬고 싶습니다.

* ~를 구경하고 싶습니다.

* ~를 방문하려 합니다.

(Наши, Мои) Планы	(пока) неопределённые.
	неясные.
	зависят от (многих) обстоятельств.
(Я) Хочу	поехать…
(Мне) Хочется	съездить…
(Я) Хотел(-а) бы	отдохнуть…
(Мне) Хотелось бы	посмотреть…
(Я) Собираюсь	посетить…
(Я) Мечтаю	

■ 감사의 표현

감사의 표현은 개인 편지의 특징이며, 비즈니스 레터에서는 드물게 사용된다. 감사의 표현은 대체적으로 호칭과 인사말 다음에 쓰는데, 비공식적 편지에서는 가끔 인사말을 생략하고, 편지 시작 부분에 나오기도 한다.

예 Спасибо тебе, Наташа, за твоё письмо.

또한 감사의 표현은 편지 끝 부분에 올 수도 있다.

* 편지(소식, 답장, 도움)에 대해 진심으로 감사드립니다.
* ~에 대해 온 마음을 다해 감사드립니다.

Сердечно (горячо) (от всей души)	благодарю	за письмо (весточку, ответ, помощь).
От всего сердца	Вас (тебя)	за то, что … (помогли мне)

* (저는) 편지(소식, 도움)에 대해 (정말) 감사드립니다.
* ~에 대해(편지 쓴 거에 대해, 잊지 않은 것에 대해) 얼마나 감사드리는지…
     아주 감사드립니다.
     대단히 감사합니다.

(Я) (очень) благодарен(-рна)   Вам (тебе) за письмо
                                 (весточку, помощь)

Как я благодарен(-рна)   за то, что... (написали, не
Я так благодарен(-рна)   забыли).
(Большое, огромное) Спасибо

• 제가 당신 편지에 얼마나 감사하고 있는 지 당신은 모르실겁니다.
                              상상하지 못할겁니다.
                              상상하기 어렵습니다.
                         당신께 말할 수 없습니다.
                         표현할 수 없습니다.

Если бы вы (ты) знали (знал, -а).
Вы (Ты) не представляете(-ешь),
Вы (Ты) не можете(-ешь)   как я благодарен(-рна)
себе представить,   Вам (тебе) за письмо.
Трудно передать(выразить),
Я не могу Вам (тебе) сказать,
Невозможно описать (сказать, передать),

• 저는 축하 인사 (편지)에 (매우, 깊이, 아주 많이) 감사하고 있습니다.
           ~에 대해 (저를 축하해주신 것에)

Я Вам (очень, крайне,   за поздравление (письмо)
глубоко, чрезвычайно)   за то, что...
признателен(-льна)   (поздравили меня).

* 저의 감사를 (~에 대한 감사, 축하)를 받아 주십시오.

Примите мою благодарность (признательность за то, что..., поздравление).

* 당신 도움(지원)에 신세를 많이 졌습니다.

Я Вам многим обязан(-а) за помощь (поддержку).
                         за то, что...

Я Вам должник.

* ~에 대해 감사드릴 말이 없습니다.
* ~에 대해 감사를 표현할 말이 없습니다(부족합니다).
* 당신께 감사드릴 말이 부족합니다.
* 감사의 말을 찾지 못하고 있습니다.

У меня нет слов, чтобы отблагодарить Вас   за...
Нет (Не хватает) слов, чтобы выразить (Вам) (мою) за то, что...
                              благодарность
Не хватает слов, чтобы отблагодарить Вас.
Не нахожу слов, чтобы ...

* ~에 대해 감사드리고 싶습니다.
* ~에 대해 감사드려야 합니다.

Я хочу
Мне хочется   поблагодарить Вас за то, что...
Я хотел(-а) бы
Я должен

* ~에 대해 당신께 감사의 마음을 표현하고 싶습니다.

Разрешите   выразить Вам благодарить   за....
Позвольте   за то, что...

* 당신의 관심(친절)에 감동받았습니다.
* 당신의 친절(관심)이 저를 감동시킵니다.
* 당신이 베풀어주신 친절(관심)에 신세를 많이 졌습니다.

Я тронут(-а) Вашим вниманием(вашей любезностью).

Ваша любезность (внимание) меня трогает.

Ваша любезность (внимание) меня ко многому обязывает.

실례 1

Уважаемый Андрей Андреевич!

Я получил Ваше письмо и искренне благодарю Вас за сердечное поздравление с Новым годом.

Одновременно разрешите мне поблагодарить Вас ещё раз за помощь, оказанную мне во время моего пребывания в Москве.

존경하는 안드레이 안드레예비치!

당신의 편지를 받았고 진심어린 신년인사에 대해 진심으로 감사드립니다.

또한 제가 모스크바에 머무는 동안 제게 베풀어 주신 도움에 대해 다시 한 번 감사드리고 싶습니다.

2

Дорогая Нина, здравствуй!
Целую тебя и сердечно благодарю за подарок.

친애하는 니나, 안녕!
네게 입맞추며, 선물 진심으로 고마워.

■ 감사에 대한 답변

- 저에게 감사할 필요 없습니다.
- 이건 별 거 아닙니다.
- 천만에요.

Не стоит

Не надо   благодарить меня (это такие пустяки).

Не нужно

Не за что

- 저는 감사 인사를 받을 만한 일을 하지 않았습니다.
- 항상 당신을 돕겠습니다.
- 당신을 돕는 것이 (매우) 기쁩니다.
- 편지를 쓰는 것이 행복합니다.

　　　　~ 것이 항상 기쁨을 줍니다.

Моя услуга не стоит благодарности.

Я всегда к Вашим услугам.

Мне (было очень) приятно   помочь Вам (тебе).

Я (всегда) счастлив(-а) (рад, -а)   писать Вам (тебе).

Мне (всегда) доставляет удовольствие

• 감사인사를 할 사람은 바로 접니다.

• 고맙다는 말은 제가 해야 합니다.

Это я (в свою очередь)

должен(-жна)   Вас (тебя) благодарить.

Это мне надо   Вам (тебе) сказать спасибо.

• 당신을 돕는 것이   저의 의무입니다.

  당신께 편지를 쓰는 것이 저의 의무입니다.

                        저의 기쁨입니다.

Помогать Вам (тебе)   мой долг.

Писать Вам (тебе)   моя обязанность.

                      мне приятно.

• 별로 힘들지 않았습니다.

• 천만에요.

• 별 일 아닙니다.

Это не составляет никакого труда.

Это мне ничего не стоит.

Это такие пустяки.

실례

В своём письме ты благодаришь меня за помощь.

Не стоит благодарности. Это пустяки.

Я всегда рад помочь тебе.

편지에서 너는 내 도움에 감사하다고 했지.

고마워하지 않아도 돼. 별일 아니야. 나는 너를 돕는 것이 항상 기뻐.

  개인 편지에서 편지 수신, 신속한 답장, 적절한 반응에 대한 기쁨, 만족감의
표현은 호칭, 인사말 다음에 주로 오며, 친밀한 편지에서는 인사말을 생략하
고, Очень я рада, милая Верочка, твоему письму와 같이 편지를
시작할 수 있다.

◦ 저는 (우리는) (매우) 기쁩니다.
                    행복합니다.

Я (Мы) (очень) рад(-а, -ы).
Я (Мы) счастлив(-а, -ы).

◦ 얼마나 기쁜지!

Как я рад(-а)!
Я так рад(-а)!

◦ 당신으로부터 편지를 받게 되어 (무척) 기쁩니다.

Мне (очень)   приятно было получить от Вас (от тебя)
                    письмо.

             радостно

◦ 당신의 편지가 저를 (매우) 기쁘게 합니다.
                    감동시켰습니다.

Меня (очень) обрадовало Ваше (твоё) письмо.
             тронуло

◉ 당신 편지에 제가 얼마나 기쁜 지 당신은 알지 못할 것입니다.
                        상상하지 못할 것입니다.
            말 할 수가 없습니다.
            표현할 수가 없습니다.

Если бы Вы (ты) знали (знал, -а) бы,

Вы (ты) не представляете(-ешь),

Вы (ты) не можете себе представить,

Трудно передать (сказать),

Я не могу Вам (тебе) сказать,

Невозможно описать (сказать, передать),

        как я рад(-а) (счастлив, -а)

        Вашему (твоему) письму (получить Ваше письмо).

        как обрадовало меня Ваше (твоё) письмо.

◉ 당신의 편지는 (항상) 제게 기쁨을 줍니다.
            만족을

Мне (всегда) доставляет радость

                удовольствие Ваши (твои) письма.

                наслаждение

◉ 당신 편지 때문에 (항상) 기쁩니다.
◉ 당신 편지를 읽으며, 저는 만족감을 느낍니다.
            기쁨을

Я (всегда)   радость   от Ваших (твоих) писем.

испытываю удовольствие читая (получая) Ваши (твои)

                письма.

        наслаждение

* 기쁘게 당신의 편지를 읽었습니다.

  만족스럽게

С радостью

С удовольствием   читал(-а) Ваше (твоё) письмо.

---

* 당신 편지는 제게 큰 기쁨(의지, 행복)입니다.

        (어려운 순간) 저를 지탱해주는 힘입니다.

        제게 확신을 불러일으킵니다.

Ваши (твои) письма для меня большая радость (поддержка,

                    счастье).

                    поддерживают меня (в трудную минуту),

                    вселяют в меня уверенность.

Tip

1 편지를 받은 기쁨을 나타낼 때, рад, радовать 를 자주 사용한다.

> 예 Я рад Вашему письму.
>
>   Меня радуют Ваши письма.

рад, радость, радовать 단어 외에 доволен(-льна), счастлив(-а),
приятно 단어가 기쁨과 만족감을 표현하는데 자주 사용된다.

> 예 Я очень доволен, что вы мне написали.
>
>   Я счастлив, что у тебя всё хорошо.

2 친구 사이의 편지에서는 편지를 쓴 친구에 대한 칭찬의 표현이 자주 사용된다.

> 예 Молодец, что ты написал мне.

편지 내용이나 편지 체에 대해 칭찬을 할 수도 있다.

> 예 Ваши письма всегда очень интересны (содержательны).
>
>   С Вами так интересно переписываться.

Привет. Саша!

Ты, молодец, что мне быстро ответил!

Рада, что у тебя всё налаживается, что жизнь твоя насыщена трудом и интересным отдыхом.

안녕, 샤샤!

답장을 이렇게 빨리 해주다니, 너 대단해!

네 일이 모두 잘 되고, 네 생활이 일과 재미있는 휴식으로 가득차서 기쁘단다.

2

У меня   большая радость.

У меня   радостное событие.

제게 큰 기쁜 일이 있습니다

제게 기쁜 일이 있어요.

■ 비난, 유감, 질책의 표현

비난, 유감, 질책의 표현은 상황에 따라, 편지 어느 곳에나 사용할 수 있다.

비난의 표현은 편지 시작 부분에 올 수 있다. 이 경우 비난 표현 다음에 호칭을 쓰고, 인사말을 생략한다.

예 Ты долго не пишешь мне, Таня?

오래 동안 내게 편지를 쓰지 않았지, 따냐?

편지를 쓰지 않거나, 답장을 하지 않은 것에 대한 비난이나 유감, 질책의 표현은 편지 시작 부분에 올 수 있다. 개인적인 공식 편지에서는 무례를 범할 수 있기 때문에, 질책의 표현을 쓰지 않는다. 편지를 받지 못한 사실을 언급함으로써, 비난을 표현한다.

예 Я не получила от Вас ответа, поэтому пишу Вам снова.

저는 당신에게서 답장을 받지 못해서, 다시 편지를 씁니다.

친밀한 편지에서는 편지를 쓰지 않은 것에 대한 불만, 질책, 심지어 앞으로 서신교환을 하고 싶지 않다는 표현까지도 가능하다. 따라서 친밀한 편지에서는 상대방이 편지를 쓰지 않은 것에 대한 기분 나쁜 감정을 솔직하게 표현할 수 있다.

(예) Если ты не ответишь и на это моё письмо, больше я писать не буду.
이번 내 편지에도 답장을 쓰지 않는다면, 다신 편지 쓰지 않을거다.

여기서 질책의 표현은 어휘뿐만 아니라, 구문에서도 나타난다.

(예) Твоё молчание непростительно!
네 침묵은 용서할 수 없어!
Как мне объяснить твоё молчание?
네 침묵을 어떻게 설명할래?
Почему же ты так долго молчишь?
왜 그렇게 오래동안 편지를 쓰지 않니?

편지를 오래 동안 쓰지 않은 것에 대한 질책 외에, 약속 불이행, 편지 톤, 편지 내용 등에 대해 질책할 수 있다. 개인적인 공식 서한에서 부정적인 사실을 언급하는 것으로 질책의 표현을 대신한다.

(예) Мы до сих пор не получили ответа на наше письмо.
우리는 지금까지 우리 편지에 대한 답장을 받지 못했습니다.

* 유감스럽게도 당신의 편지를 받지 못했습니다.
당신에 대해 전혀 알지 못합니다.

К сожалению я не получаю от Вас (тебя) писем.
ничего не знаю о Вас (о тебе).

* 당신이 답장을 하지 않아 유감입니다.

(Мне) жаль, что Вы (ты) не отвечаете(-ешь) мне.

* 저의 불만을(유감을) 표현해야겠습니다.

Я хочу
    должен(-жна)   выразить (моё) неудовлетворение
    вынужден(-а)   (неодобрение, неудовольствие, сожаление)...
    не могу не

* 당신을 비난해야겠습니다.

Я хочу
    должен(-жна)
    вынужден(-а)   упрекнуть Вас (тебя)...
    не могу не

* 당신이 답장을 하지 않아 화가 났습니다.
             기분이 나쁩니다.

Я (на тебя, на Вас)   обижен(-а)   (за молчание, за то,
  (очень)   сердит(-а)   что не отвечаете)
                      обиделся(-лась)
                      сержусь

* 당신 편지는(거절은) 저(우리)를 분노하게 했습니다.

             огорчил(-а, -и)
             обидел(-а, -и)

Ты (Вы)   расстроил(-а, -и)   своим письмом
меня (нас)   рассердил(-а, -и)   (отказом)
                подвёл(-а, -и)
                поставил(-а, -и) в неловкое (ложное)
                                                положение

* 당신의 침묵이 저(우리)를 슬프게 합니다.
* 당신의 편지가 저(우리)를 절망하게 만듭니다.

Меня (Нас)   огорчает
  (очень)   огорчило   твоё (Ваше) молчание
                расстраивает   (письмо)
                расстроило
                приводит (привело) в отчаянье

* 당신이 안다면, …
* 당신은 상상하지 못할 것입니다.
* 표현하기(말하기) 어렵습니다.
* 표현할 수(기술할 수, 말할 수) 없습니다.

Если бы ты (Вы) знал(-а, -и),

Ты (Вы) не представляешь(-ете),

Ты (Вы) не можешь(-ете) себе представить,

Трудно передать (сказать),

Я не могу тебе (Вам) передать (сказать),

Невозможно передать (описать, сказать),

* 유감스럽게 당신의 편지를 읽었습니다.
불만스럽게
슬프게

С сожалением	читал(-а,-и) твоё письмо.
С неудовлетворением	
С грустью	

* 당신이 답장을 하지 않는 것은 좋지 않습니다.
나쁩니다.

Нехорошо,		
Плохо,	что ты (Вы)	молчишь(-ите).
		не пишешь(-ете).
		не отвечаешь(-ете)

* 당신이 편지를 그렇게 쓴 것은 좋지 않습니다.
* 당신이 그렇게 생각하는 것은 나쁩니다.

Нехорошо,		
Плохо, что ты (Вы) так	пишешь(-ете).	
	думаешь(-ете).	

* 당신은 잘못 생각하고 있습니다.
* 당신은 잘못했습니다.
* 당신이 잘못하고 있는 것입니다.

Ты (Вы)	неправильно	думаешь(-ете).
	неверно	сделал(-а,-и).
	нехорошо	делаешь(-ете)

* 당신이 어떻게 그럴 수가!
* 당신이 어떻게 그런 생각을 할 수 있는 지!
* 당신이 어떻게 그런 편지를 쓸 수가!

Как ты	можешь	так	делать!
	мог(-ла, -ли)		думать!
			писать!

* 당신은 왜 그런 행동을 했나요?
* 당신은 왜 그런 편지를 썼나요?
* 당신은 왜 그렇게 생각하시나요?

Зачем ты	поступил(-а)?
	пишешь это?
	так пишешь?
	так думаешь?

* 이런 편지를 안 받는 편이 더 나았을 텐데.
* 이것에 대해 안 쓰는 편이 나았을 것 입니다.

Лучше бы	я не получал(-а) этого письма.
	мне не получать твоего (Вашего) письма.
	ты (Вы) мне не писал(-а, -и) об этом.
	тебе (Вам) не писать мне об этом.

Tip

1 비즈니스 레터에서 자주 사용되는 Разрешите, Позвольте, вынужден 표현
이 개인 공식서한에서 자주 사용된다.
Позвольте выразить сожаление по поводу Вашего отказа
принять участие в написании учебника.

실례 1

Уважаемый Иван Иванович!

К сожалению, я до сих пор получил ответа на предложение сотрудничать в журнале.

존경하는 이반 이바노비치!

제가 아직까지 잡지 일 협력 제안에 대한 답장을 받지 못해 유감입니다.

2

Виктор Сергеевич!

Мне очень жаль, что я не получаю от Вас ответа. Но я продолжаю ждать и надеяться.

빅또르 세르게예비치!

당신 답장을 받지 못해 매우 유감입니다만, 계속 답장을 기다리고 있습니다.

3

Мария Витальевна!

Извините, но я не могу не упрекнуть Вас. Как же так!

마리야 비딸리예브나!

죄송합니다만, 당신을 비난해야겠습니다. 어떻게 그럴수가 있나요!

■ 질책에 대한 변명의 표현

변명의 표현은 개인 비공식 편지에서 주로 사용되지만, 공식적인 편지에서
도 사용될 수 있다.

* 변명으로 ~를 알려야 합니다.

>   써야

>   말해야

>   쓰고 싶습니다.

>   말하고 싶습니다.

>   말할 수 있습니다.

>   말하지 않을 수 없습니다.

В своё оправдание	(Я) должен(-жна)	сообщить...
Оправдываюсь	хочу	написать...
	я хотел(-а) бы	сказать...
	могу	
	не могу не	

* 당신께(너에게) 변명을 하고 싶습니다.
* 변명을 해야 합니다.
* 내 침묵의 이유를 설명하지 않을 수 없습니다.

(Я) Хочу

Должен(-жна)	оправдаться перед Вами (тобой).
Хотел(-а) бы	оправдать себя.
Не могу не	объяснить Вам (тебе) причины моего молчания.
(Мне) Хотелось бы	

• 당신의 (너의) 반대에 대한 답으로 ~를 알리고 싶습니다.

　　　비난에　　　　　　　　써야 합니다.

　　　불만에

В ответ на Ваше(-и)   неодобрение

　　　　твоё(-и)   упрёки　　　　хочу сообщить...

　　　　　　　　недовольство   должен написать...

• 당신의(너의) 비난을 (내 잘못을) 받아들이지만(인정하지만), 변명으로

Я принимаю (признаю) Ваши (твои) упрёки, но в своё

　　　　　　　　свою вину,　　　　оправдание...

• 제가 무척 바빴습니다.

Меня оправдывает сильная занятость.

　　　　　　　то, что я был занят.

• 당신을 화나게 해서 유감입니다.

Я сожалею, что огорчил(-а) (расстроил(-а), рассердил(-а)

　　　　　　　Вас (тебя).

Мне жаль(жалко),

• 오래동안 편지를 쓰지 못해 죄송합니다.
• 사과의 말씀을 드립니다.

Извините　　за долгое молчание.

Прости(-те)　за то, что долго молчал(-а) (не отвечал(-а)).

Я приношу свои (глубокие) извинения.

* 답장을 (편지를) 쓰지 않은 것으로 당신 기분을 상하게 하고 싶지 않았습니다.

Я не думал(-а)   своим молчанием(тоном своего письма).

не хотел(-а)   тебя обидеть   тем, что не писал(-а).

* 당신 기분을 상하게 할 마음은 추호도 없었습니다.

У меня   не было намерения   тебя (Вас) обидеть.
          и в мыслях не было

* 당신을 화나게 하리라고는 생각하지 (예상하지) 못했습니다.

Я не думал(-а)

не предполагал(-а), что это может тебя (Вас) обидеть.

* 어쩌다 보니 이렇게 되었군요.
* 저도 기분이 좋지 않습니다.

Я случайно это сделал(-а).

Мне неприятно.

Мне так (очень) неприятно!

Как мне неприятно!

* 편지를 자주 쓰도록 노력하겠습니다.
* 고치도록 노력하겠습니다.

Я постараюсь   писать чаще.
                исправиться.

• 화내지 마세요.

Не сердись (Не сердитесь).
Не обижайся (Не обижайтесь).

• 아닙니다. 당신이 옳지 않습니다.
• 당신이 잘못입니다.
• 바로 당신이 잘못입니다.
• 제가 아니라 당신이 잘못입니다.

Нет, это ты (Вы) не прав(-а, -ы)
Ты сам(-а) виноват(-а).
Это ты виноват(-а).
Это не я, а ты виноват(-а).

• 저를 비난할 이유가 없습니다.
• 당신은 괜히 저를 비난하는 겁니다.

Меня не за что упрекать.
Вы (Ты) напрасно меня упрекаете(-ешь).

• 무엇때문에 당신이 나를 욕하는지 이해가 되지 않습니다.
• 당신이 나를 비난하는 이유를 모릅니다.

Не пойму, за что ты (Вы) меня ругаешь(-ете).
Не знаю, в чём ты (Вы) меня упрекаешь(-ете).

Уважаемая Нина Ивановна!

Конечно, Вы правы, что упрекаете меня за долгое молчание. Извините.

В своё оправдание могу лишь сказать, что в последнее время очень занят.

존경하는 니나 이바노브나!

제가 오래동안 편지를 쓰지 않은 것에 대해 비난하시는 것이 당연하십니다.

변명으로 최근에 매우 바빴다는 말씀만은 드려야 겠습니다.

Принимаю Ваши упрёки, Надежда Дмитриевна, меня оправдывает только то, что два месяца я не был дома.

당신의 비난을 받아들입니다, 나제즈다 드리뜨예브나. 제가 두 달 동안 집에 없었다는 변명을 해야겠습니다.

■ 사과의 표현

답장 지연에 대한 사과의 표현은 편지 시작 부분의 주요 요소에 해당된다. 인사말, 호칭 다음에 사과의 표현을 쓰는데, 비공식적 서신에서는 인사말을 생략하고 사과의 표현으로 편지를 시작할 수 있다.

📌 Извини, Витя, за долгое молчание.

비쨔, 오래 편지를 쓰지 못해 미안해.

* 답장을 쓰지 못해 미안합니다.
* 제 때 답장을 쓸 수 없어서 미안합니다.
* 오래동안 당신 편지에 답장을 쓰지 못해 사과드립니다.
* 답장을 쓰지 못한 것을 용서해 주시기 바랍니다.

Извини(-те)	за молчание (задержку ответа)
Прости(-те)	за то, что не смог ответить в срок.
Приношу (свои	что долго не отвечал(-а) на Ваше
глубокие извинения)	(твоё) письмо.
Прошу извинения (прощения)	

• 깊은 사과를 드리고 싶습니다.

Разрешите	
Позвольте	принести (свои глубокие) извинения.

• 제 사과를 받아주십시오.

Примите мои извинения.

• 사과를 드리고 싶습니다.
• 사과를 해야만 합니다.
• 용서를 빌고 싶습니다.
• 용서를 빌어야 합니다.

(Я)	хочу	
	хотел(-а) бы	
	должен(-жна)	извиниться
	не могу не	принести (свои) извинения.
(Мне)	хочется	(по)просить извинения (прощения).
	хотелось бы	
	нужно	
	необходимо	
	надо	

- 당신에게 죄인입니다.
- 당신께 죄책감을 느낍니다.

Я   виноват(-а) (перед Вами (тобой)).

    чувствую себя виноватым (перед Вами (тобой)).

- 편지를 쓰지 않은 것이 마음에 걸립니다.
- 당신 마음을 상하게 한 것이 마음에 걸립니다.

	за моё молчание.
Мне стыдно	за то, что я тебя обидел(-а).
	, что не ответил(-а) на письмо.

- 당신을 화나게 하고 싶지 않습니다.
- 당신을 화나게 하려 했던 것은 아닙니다.

Я не хотел(-а)

   не думал(-а)   Вас (тебя) обидеть.

Мне не хотелось

- 편지(답장) 쓰지 않은 것에 화내시지 마십시오.
                   화내지 말 것을 부탁드립니다.

Не сердись(-тесь)

Не обижайся(-тесь) (на меня)   за молчание.

Я прошу тебя (Вас) не сердиться за то, что не писал(-а).

   (на меня)   , что не отвечал(-а).

Примите мои извинения за задержку ответа на Ваше письмо.

Очень виновата я перед тобой!

당신 편지에 답장을 빨리 하지 못한 것에 대한 제 사과를 받아 주세요.
당신에게 너무 죄를 졌어요.

■ 축하, 기원의 표현

● 축하의 표현

- 경축일을 축하드립니다
- 신년 축하 인사 드립니다.
- 생일 축하드립니다.
- 졸업을 축하드립니다.

Поздравляю(-ем) (Вас, тебя) с праздником.

с Новым годом.

с днём рождения.

с окончанием университета.

- 경축일을 축하해 마지 않습니다.
- 당신의 기념일을 축하해 마지 않습니다.

Разрешите   поздравить Вас с праздником.
Позвольте   по случаю Вашего юбилея.

- 경축일을 축하드리고 싶습니다.
- 성탄절을 축하드리고 싶습니다.

Я хочу   поздравить Вас   с праздником.
Я хотел(-а) бы   с Рождеством.

Мне хочется

Мне хотелось бы

● 축하 인사를 전합니다.

Шлю (Шлём) Вам (тебе) поздравления.

● 진심으로 경축일을 축하합니다.

(Сердечно) От всего сердца

От (всей) души   поздравляю(-ем) Вас с праздником.

Искренне

Горячо

● 경축!

● Happy New Year!

С праздником!

С Новым годом!

● 생일 축하해!

● 결혼 1주년 축하해!

С днём рождения!

С годовщиной свадьбы!

● 희망

● 성공, 건강과 행복을 기원합니다.

● 성공적인 업무 완수를 기원합니다.

• 시험을 잘 치르기를 기원합니다.

Желаем(-ю) Вам (тебе)   успехов, здоровья, счастья.

успешного завершения работы.

хорошо сдать сессию.

• 성공을 기원해 마지 않습니다.
• 일을 성공적으로 마치기를 기원해 마지 않습니다.

Разрешите   пожелать Вам успехов.

Позвольте   пожелать Вам успешно закончить работу.

• 건강을 기원하고 싶습니다.
• 논문이 성공적으로 통과되기를 바랍니다.
• 당신의 모든 바램이 이뤄지기를 바랍니다.

Я хочу

Я хотел(-а) бы   пожелать Вам здоровья.

Мне хочется   пожелать Вам успешно защитить

диссертацию.

Мне хотелось бы   чтобы все Ваши мечты сбылись.

• 제 축원을 받아주십시오.

Примите мои наилучшие пожелания.

• 성공(건강, 행복)을 진심으로 바라는 제 마음을 받아주십시오.

Примите мои (тёплые, искренние)   успехов

пожелания   (здоровья, счастья)

успешно сдать экзамены.

* 제 소원을 담아 보냅니다.

Шлю (Шлём) Вам (свои) наилучшие пожелания.

* 진심으로 행복(성공, 건강)을 기원합니다.
* 온 마음으로

От всей души

От всего сердца желаю Вам (тебе) счастья (успехов, здоровья)

Искренне

* 성공을 기원합니다!
* 행복을 기원합니다!
* 성공을 기원합니다!
* 굳건한 건강을 기원합니다!
* 장수를 기원합니다!
* 아프지 마세요.
* 회복하시길!
* 쾌차하시길!

Успехов Вам (тебе)!

Счастья!

Удачи!

Крепкого Вам (тебе) здоровья!

Долгих лет жизни!

Многих лет жизни!

Не болей(-те).

Выздоравливай(-те).

Поправляйся(-тесь).

실례 1

   Уважаемый Виктор Михайлович!
Поздравляю Вас с днём рождения и желаю Вам
большого счастья, здоровья и успехов.

   존경하는 빅또르 미하일로비치!
생신을 축하드리며, 큰 행복, 건강과 성공을 기원합니다.

2

   Глубокоуважаемая Алла Васильевна!
Разрешите нам от всей души поздравить Вас с юбилеем
и пожелать Вам дальнейшей плодотворной работы.

   심히 존경하는 알라 바실리예브나!
진심으로 기념일을 축하해 마지 않으며, 향후 업무 면에서 큰 결실이 있기를 바
랍니다.

■ 불평, 위로, 조의의 표현

● 불평의 표현

　불평의 표현은 각별히 가까운 사람에게 보내는 비공식적 서한에서만 사용된다. 하지만 탄원서라든지, 의사에게 보내는 편지 등과 같은 공식 서한에서도 불평의 표현이 사용될 수 있다.

　일반적으로 불평의 표현은 편지 본문에서 자신의 상황, 기분, 직장 일을 기술할 때 쓴다.

- 실패한 것에 대해 당신께 하소연하고 싶습니다.
- 시험을 못 본 것에 대해 당신께 하소연해야 합니다.
  　　　　　　　　하소연하지 않을 수 없습니다.

(Я) Хочу Вам (тебе)

(Я) Должен(-жна) Вам (тебе)　　пожаловаться　на неудачи.

Не могу Вам (тебе) не　　　　　　　　　　на то, что

　　　　　　　　　　　　　　　　　　плохо сдал

　　　　　　　　　　　　　　　　　　экзамены.

- 제가 낙심한 것에 대해 당신께 편지를 쓰고 싶습니다.
  　　　　　　　　편지를 써야만 합니다.

Очень хочется Вам (тебе)

Мне надо Вам (тебе)　　　　написать о своих огорениях.

Мне так нужно Вам (тебе)

- 제가 몸이 좋지 않습니다.
  　　몸이 아픕니다.

매우 바쁩니다.

어려운 처지에 놓였습니다.

Плохо себя чувствую.

(Я) Болею (болен, -льна).

Очень занят(-а)

в трудном положении.

* 당신을 곤혹스럽게 하고 싶지는 않지만, …

* 이런 편지를 쓰게 되어 죄송합니다만,

* 제가 큰 슬픔(재난, 불행)을 겪었습니다.

* 큰 일이 일어난 것을 쓰지 않을 수 없습니다.

* 당신을 귀찮게 하고 싶지 않지만, 제 건강이 좋지 않습니다.

* ~를 써야만 합니다.

Мне не хочется Вас (тебя) расстраивать, но...

Извини(-те), что я пишу об этом, но у меня большое горе

(беда, несчастье)

Я не могу не написать, что большие (одни) неприятности.

Мне не хочется Вас (тебя) расстраивать, но плохо со

здоровьем.

Я должен(-жна) написать, что ...

* 죄송합니다만, 제 슬픔을 당신께 알리고 싶습니다.

* 죄송합니다만, 제 낙심, 불행을 당신께 알려야만 합니다.

Извините, но мне хочется

я хочу   поделиться с Вами (с тобой)

своим горем

Я должен(-жна)   (своими огорчениями,

                   неудачами).

мне надо

Мне так нужно

* 머리(목, 눈)가 아픕니다.
* 일이 너무 많습니다.
* 시간이 전혀 없습니다.

У меня   болит голова (горло, глаза).

           много дел.

           совсем нет времени.

● 위로의 표현

불평에 대한 위로의 표현은 비공식적 서한에서만 사용된다. 불평의 표현이 그 성격상 공식적인 서한에는 어울리지 않기 때문이다.

위로의 표현은 보통 상대방의 불평 내용을 인용하면서, 시작한다.

* 당신을 위로하고(진정시키고, 기쁘게 하고) 싶습니다.
* 쓸데없는 걱정이라고(흥분하지 말라고) 이야기 해주고 싶습니다.
* ~ 이야기해야 합니다.

(Я) Хочу

(Я) Хотел(-а) бы   Вас утешить (успокоить, обрадовать).

Мне хочется   написать, что Вы (ты) напрасно

                       беспокоитесь(-ишься)

Мне хотелось бы   (волнуетесь(-ешься))

(Я) Должен(-жна)

(Я) могу

Надо

---

* 저는 아주 상심하고 있습니다.
* 당신 마음이 매우 이해됩니다.
* 당신이 안됐습니다.
* 얼마나 당신이 안스러운지.

Я очень огорчён(-а).

Я Вам (тебе) очень сочувствую.

Мне (очень) жалко (жаль) Вас (тебя).

Мне так Вас (тебя) жалко.

---

* 당신을 이해합니다!
* 당신을 아주 많이 이해합니다.
* 당신이 이토록 이해될수가!

Я Вас понимаю!

Я так вас понимаю!

Как я Вас понимаю!

---

* 진정하세요!
* 홍분하지 마세요!
* 심난해하지 마세요!

Успокойтесь(-йся).

Не волнуетесь(-йся).

Не расстраивайтесь(-йся).

- 이것을 잊으세요!
- 일어난 일을 생각하지 마세요.
- 모든 것이 잘 될거예요. (순조로울 겁니다)
- 잘 될거예요.
- 모든 게 (이 일이) 잘 끝날겁니다.

Забудь(-те) об этом.

Не думай(-те) о том, что случилось.

Всё будет хорошо (в порядке).

Всё устроится.

Всё (это) кончится хорошо.

● 조의의 표현

조의의 표현은 모든 유형의 편지, 즉 비즈니스 레터, 공식적, 비공식적 서한에서 사용된다. 비즈니스 레터와 개인적인 공식서한에서는 조의만을 주된 테마로 사용한다.

- 운명하신 것 (사망 소식, 재해)에 대해 조의를 표합니다.

Выражаем глубокое соболезнование	по поводу кончины(смерти, стихийного бедствия).
Приносим Вам свои соболезнования	в связи и кончиной (смертью, постигшим бедствием).

- 아주 비통한 심정으로 당신의 불행 소식을 접했습니다.

С глубоким прискорбием узнали о постигшем Вас несчастье.

- 당신의 슬픔(상실, 불행)과 관련하여 저의 진심어린 위로를 받아주십시오.
- 갑작스럽게(예기치 않게) 운명하신 것에 대해 저의 진심어린 위로를 받아
  주십시오.

| Примите мои искренние соболезнования | по поводу постигшего Вас горя (утраты, несчастья). |
| | по случаю безвременной (преждевременной, скоропостижной) кончины. |

- 삼가 조의를 표합니다.
- 진심어린 위로를 받아주시길 바랍니다.

| Разрешите
Позвольте
Мы хотим
Хотели бы
Нам хотелось бы
Мы не можем не | выразить Вам наше искреннее (глубокое) соболезнование.
принести |

- 우리는 당신의 (깊은) 비애(아픔, 불행, 슬픔)을 함께 합니다(이해합니다).

Мы разделяем (понимаем) Вашу (глубокую) скорбь (горе, несчастье, печаль).

개인 편지에서 요청의 주제는 상당히 다양해서 열거하기가 힘들다. 여기서는 편지를 부탁하는 요청의 표현만을 제시하도록 한다.

* 당신께 요청을 드리겠습니다.

　　　　충고를 드리겠습니다.

　　　　제안을 드리겠습니다.

Разрешите　　попросить Вас...

Позвольте　　посоветовать....

　　　　　　предложить Вам...

---

* 당신께서 ~를 쓸 것을 부탁드립니다.

　　　　　~를 통보해주기를 제안합니다.

　　　　　전화를 해주실 것을 충고합니다.

* 당신께 ~할 것을 제안하고 싶습니다,

* 당신께 ~할 것을 충고해야만 합니다.

(Я) Очень прошу Вас (тебя)

(Я) Предлагаю Вам (тебе)　　　　　　написать...

(Я) Советую Вам (тебе)　　　　　　срочно сообщить...

(Я) Хочу попросить Вас (тебя)　　　позвонить...

Мне хотелось бы предложить Вам (тебе)

Я должен(-жна) посоветовать Вам (тебе)

Мне надо посоветовать Вам (тебе)

---

* 편지를 쓸 것을 부탁하고 싶습니다.

* 답장을 할 것을 제안하고 싶습니다.

• 전화할 것을 충고하고 싶습니다.

Я просил(-а) бы	написать...
Я предложил(-а) бы	ответить...
Я советовал(-а) бы	позвонить...

• 당신께 부탁이 있습니다.
• 당신께 부탁드립니다.
• 간절히 청합니다.

У меня к Вам (к тебе) просьба.

Обращаюсь к Вам (к тебе) с просьбой.

Очень прошу Вас (тебя),

• ~를 하는 (쓰는) 것이 좋습니다.
• ~를 해야 (알려야) 할 때 입니다.
• ~를 (답장을) 해야 합니다.
• ~를 하는 것이 좋을 것 입니다.

Хорошо бы	
Неплохо бы	написать...
Пора бы	сообщить...
Надо бы	ответить...
Нужно бы	
Как хорошо бы	

• 전시회를 조직합시다.
• 이 문제를 토론합시다.

Давай(-те) (вместе)   организуем выставку.

                      обсудим эту проблему.

■ 초대의 표현

초대의 표현은 개인 공식 서한과 비즈니스 레터가 동일하다.

• 당신을 초대합니다.

... приглашает Вас.

Мы приглашаем Вас.

• 당신을 (귀측 대표자들을, 대표단을) 초대하고 싶습니다.
• 우리나라를(우리 회사를) 방문해주실 것을 제안하고 싶습니다.

Разрешите (нам) пригласить Вас (Ваших представителей,

                      Вашу делегацию).

Позвольте (нам) предложить Вам посетить нашу страну.

                      (нашу фирму)

• 우리는 당신을(당신 대표단을) 초대하고 싶습니다.
                      맞이하고
• 당신이 우리 초대에 응해주시길 바랍니다.

                      пригласить Вас (Вашу делегацию).

Мы хотели бы   принять Вас (Ваших представителей).

Нам хотелось бы надеяться, что Вы ответите согласием

                      на наше приглашение.

◦ 우리 초대를 받아주시길 희망합니다.

Мы выражаем надежду на то, что Вы примете наше
приглашение.

◦ 우리는 귀측 대표자들을(대표단을)
   (기쁘게) 맞이할 (만날, 초대할) 용의가 있습니다.
   맞이하면 기쁠 것입니다.
   맞이하는 것에 동의합니다.
   맞이할 수 있습니다.

Со своей стороны, мы
(с радостью) готовы   принять(встретить, пригласить)
Мы рады будем   Ваших представителей
Мы согласны   (Вашу делегацию.).
Мы можем

◦ 우리는 귀측 대표자들을 (대표단을) (아주) 기쁘게 맞이할 것입니다(만날
것입니다).

Мы с (большой) радостью примем (встретим) Ваших
представителей (Вашу делегацию.).

◦ 우리 기업을 방문해주시지 않겠습니까?
◦ 우리나라를 방문하시지 않으시겠습니까?

Не согласитесь ли Вы

Не можете ли Вы   посетить наше предприятие?

Не хотите ли Вы

Не согласились бы Вы   приехать в нашу страну?

Не могли бы Вы

Не хотели бы Вы

---

* 귀측 대표단이 우리나라를 방문하는 것에 어떻게 생각하십니까?
* 귀측 대표자들이 우리 이사진을 만나는 것에 반대하시지 않으십니까?

Как Вы относитесь к тому, чтобы   Ваша делегация посетила

Не будете ли Вы против того, чтобы   нашу страну?

Не возражаете ли Вы против того,   Ваши представители

           чтобы   встретились с нашими

                       директорами?

개인적 비공식 서한

* 저는 (우리는) 휴가를 함께 보내도록 당신을 초대합니다.
        생일에   초대하고 싶습니다.

Я (Мы) приглашаю(-ем) Вас (тебя)

Я (Мы) хочу(-тим) пригласить Вас (тебя)

Я (Мы) хотел(-а, -и) бы пригласить Вас (тебя)

      к нам поехать вместе отдыхать

        на день рождения.

---

* 저는 (우리는) 당신을 우리 집에 ~에 초대하고 싶습니다.
         우리 집에서 만나고 싶습니다.
         우리 집에서 뵙고 싶습니다.

Мне (Нам) хочется   пригласить Вас (тебя) к нам на ...

Мне (Нам) хотелось бы   встретиться с Вами (с тобой) у нас.

     видеть Вас (тебя) у нас в гостях.

* 당신은 우리와 함께 휴가를 보내지 않으시겠습니까?

    우리 집에 놀러오지 않으시겠습니까?

    우리 별장에서 휴가를 보낼 수 있습니까?

    이번 주에 우리 집을 방문하지 않으시겠습니까?

Вы (Ты) не хотите(-чешь)   отдохнуть вместе с нами?

Вы (Ты) не согласитесь(-ишься)   приехать к нам в гости?

Вы (Ты) не можете(-ешь)   провести у нас на даче отпуск?

     навестить нас на этой неделе?

* 당신께 제안이 있습니다. …로 함께 갑시다.

У меня к Вам (к тебе) предложение, давай(-те) поедем вместе...

■ 요청, 제안 초대에 대한 동의의 표현

* 저는 당신의 요청을 들어주는 것에 동의합니다.

* 초청(제안)을 수락합니다.

Я согласен(-сна)   выполнить Вашу (твою) просьбу.

соглашаюсь   принять приглашение (предложение).

• 당신의 청을 받아들입니다.

Выполняю Вашу (твою) просьбу.

• 저는 (우리는) (큰) 만족감을 갖고 당신의 요청을 수락합니다.
　　　　기쁨을 갖고　　　　　초대를
　　　　기꺼이　　　　　　　제안을
　　　　절대적으로

Я (Мы) с (большим) удовольствием выполню(-им) Вашу
　　　　　　　　　　　　　　　　　　　(твою) просьбу.
　　　с радостью　　　　　　　принимаю Ваше (твоё)
　　　охотно　　　　　　　　　приглашение
　　　обязательно　　　　　　 (предложение).

• 당신의 요청을 수락하게 되어 기쁩니다.
　　　초대를 받게되어

Мне приятно выполнить Вашу (твою) просьбу.
　　　　　　　получить (принять) Ваше приглашение.

• 당신을 거절할 수 없습니다.

Я не могу не отказать Вам (тебе).

- 만족스럽게 당신의 요청을 받아들이지만, 시기를 정확히 해야 합니다.
  기쁘게   당신의 제안을 받아들이지만, 시기를 변경해야 합니다.
  기꺼이   당신의 초대를 받아들이지만, 시기를 연기해야 합니다.

С удовольствием выполню, но я должен(-жна) уточнить...

С радостью Вашу   хочу   изменить...

Охотно   (твою)   хотел(-а) бы   отодвинуть

            просьбу,   сроки.

            Ваше (твоё)

            предложение

            (приглашение),

- 노력은 하겠습니다만, 당신의 요청을 이행할 수 있을지 모르겠습니다.
- 시도는 해보겠습니다만, 초대에 응할 수 있을지 (완전히) 확신하지 못합니다.
- 최선을 다하겠습니다만,

Я постараюсь, но не знаю, смогу ли выполнить Вашу
                                    (твою) просьбу.

Я попробую, но не (совсем) уверен(-а), принять ваше
                                    (твоё) приглашение.

Я пиложу все усилия,

- 약속은 하지 못합니다만, 당신이 요청한 것을 하도록 노력하겠습니다.
- 약속은 할 수 없으나,   ~   시도해보겠습니다.
- 제가 할 수 있을지 모르겠으나, ~

Я не обещаю, но постараюсь сделать то, что Вы(ты)

просите(-ишь).

Я не могу не обещать, но попробую

Не знаю, смогу ли я,

■ 요청, 제안, 초대에 대한 거절

● 유감스럽게도, 당신의 초대를 (제안을) 거절해야 합니다.

● 매우 유감이지만,

● 저는 원치 않지만,

● 제가 매우 편치 않으나,

К сожалению, (я) должен(-жна) отказаться

Я очень сожалею, но   от Вашего (твоего)

Я бы не хотел(-а), но   приглашения(предложения).

Мне очень неудобно, но

● 유감스럽게도, 당신의 요청을 들어줄 수 없습니다.

● 매우 유감이지만, 당신이 요청한 것을 할 수 없습니다.

● 죄송합니다만, 당신의 초대를(제안을) 받아들일 수없습니다.

● 송구합니다만, 당신을 도울 수 없습니다.

К сожалению, (я) не могу выполнить Вашу (твою) просьбу.

Я очень сожалею, но   сделать то, что Вы просите

Извините, но   принять Ваше (твоё) приглашение.

Простите, но   (предложение).

                        помочь Вам (тебе).

* 제가 당신을 도울 수 없어 걱정입니다.
* 당신에게 갈 수 없을 것 같습니다.

(Я) Боюсь, что не смогу   помочь Вам (тебе).
(Я) Думаю,   приехать к Вам (тебе).

■ 의견 피력

* 우리 의견을 피력하도록 해주십시오.
* 우리 입장을 표현하고 싶습니다.
* 당신과 우리 생각을 교환하고 싶습니다.

Позвольте

Разрешите   высказать (написать) наше мнение.

Мы хотим   выразить Вам наше отношение.

Мы бы хотели   поделиться с Вами своими мыслями.

Нам хотелось бы

Мы должны

* 우리는 이것이 옳다고 생각합니다.
* 옳다고 간주합니다.
* 합당하다고 확신합니다.

	думаем,	
	полагаем,	что это верно.
Мы	считаем,	что мы правы.
	уверены,	что так было бы целесообразнее.
	убеждены,	

◦ 우리는 이러한 견해를 고수합니다.
　　다음 견해를 갖고 있습니다.

Мы придерживаемся такого мнения...
　　разделяем следующую (такую) точку зрения...

◦ 우리는 이런 견해를　　　　　갖고 있습니다.
　　다음 견해를
　　이것에 대한 이런 입장을
　　이러한 입장을

　　　　　такое мнение...
У нас　следующая точка зрения...
　　　　　такое отношение к этому...
　　　　　такая позиция ...

◦ 우리 의견은 이렇습니다.
◦ 우리 견해는 다음과 같습니다.
◦ 이 문제에 대한 입장은 다음과 같습니다.
◦ 우리 입장은 이러합니다.

Наше мнение　　таково(такое)...
Наша точка зрения　следующая...
Наше отношение к этому вопросу(к Вашему предложению)
　　　　　　　таково...
Наша позиция　　такая...

◦ 이것이 옳은 것 같습니다.
◦ 우리가 옳다고 생각합니다.

* 우리 의견이 맞다고 생각합니다.

* 우리 입장이 바르다고 생각합니다.

Нам   кажется,   что это верно (правильно).

      думается, мы правы.

Мы думаем,   наше мнение правильно.

                   наша позиция правильна.

* 우리 입장은 이렇습니다.

* (당신 제안에 대한) 우리 태도는 이렇습니다.

* (이 문제에 대한) 우리 견해는 이렇습니다.

Таково наше   мнение

              отношение (к Вашим предложениям)

Такова наша точка зрения (на этот вопрос).

■ 동의의 표현

* 우리는 당신 의견에   동의합니다.

* 우리는 당신 편지에 피력한 의견에

      당신에게

      이것에

                  с Вашим мнением.

Мы согласны   с мнением, высказанным в Вашем письме.

              с Вами.

              с этим.

* (우리는) 당신 의견에(견해에) 공감합니다.

당신 의견에 동조합니다.

동일한 의견을 고수합니다.

(Мы) Разделяем Ваше мнение (Вашу точку зрения).

(Мы) Присодиняемся к Вашему мнению.

(Мы) Придерживаемся того же (такого же) мнения.

• 당신 의견에 반대하지 않습니다.

Мы не возражаем против Вашего мнения.

• 당신이 절대적으로 옳습니다.

    완전히

    무조건적으로

Вы абсолютно правы.

совершенно

безусловно

• 우리는 당신이   옳다고 확신합니다.

    당신의 의견이

    당신의 결론(판단)이

мы   уверены в том, что Вы правы.

убеждены, что Ваше мнение правильно.

что Ваши выводы (суждения) правильны.

• 우리 의견은 당신과 일치합니다.

    견해는

취향은

Наши   мнения с Вами   сходятся
       взгляды   совпадают.
       вкусы

■ 비동의의 표현

* 우리는 완전히 (절대적으로, 무조건적으로) 당신 의견에
                        당신 편지에 피력한 의견에
                        당신에게
                        이것에   동의하지 않습니다.

Мы совершенно (абсолютно, безусловно) не согласны
     с Вашим мнением.
     с мнением, высказанным в Вашем письме.
     с Вами.
     с этим.

* 우리는 당신과 의견이 같지 않습니다.
* 우리는 당신과 견해가 같지 않습니다.
* 우리는 당신 견해에 찬성할 수 없습니다.
* 우리는 이러한 의견을 고수하지 않습니다.

Мы не разделяем Вашего мнения.

Мы не можем разделить Вашу точку зрения.

               присоединиться к Вашей точке зрения.

               согласиться с Вашим мнением.

Мы не придерживаемся такого мнения (такой точки зрения).

* 제 생각을 표현하게 해주십시오.

* 당신께 동의할 수 없습니다.

* 당신께 반대하는 것을 허락해 주십시오.

* 다른 의견(견해를) 피력하겠습니다.

Мы позволим себе выразить Вам.

Позвольте не согласиться с Вами.

Разрешите возразить Вам.

высказать иное мнение (иную точку зрения).

---

* 이것이 맞지 않다고 확신합니다.

* 당신이 틀렸다고 확신합니다

* 당신의 의견이 옳지 않다고 생각합니다.

* 당신이 실수했다고 생각합니다.

(Мы)   Уверены, что это не так.

Убеждены, Вы не правы.

Думаем, Ваше мнение неправильно.

Полагаем, Вы ошибаетесь.

---

* 우리는 당신께 반대하고 싶습니다.

Мы хотим

Мы хотели бы   возразить Вам.

Нам хочется

Мы не можем не

---

* 당신의 의견에 반대입니다.

Мы возражаем против Вашего мнения.

* 우리는 다른 의견을 갖고 있습니다.

У нас иное (другое) мнение.

* 당신에게 동의할 수 없습니다.

С Вами нельзя согласиться.

* 이것에 반대할 수 있습니다.
    반대해야 합니다.

Против этого   можно

                нужно   возразить.

                надо

                стоит

■ 만남 희망 표현

이 표현은 비공식적 서한에서 사용되며, 편지의 어느 부분에 와도 무방하다.

* 우리는 자주(항상, 계속) 당신을 회상합니다.
* (나는) 한순간도 (절대) 잊어본 적이 없습니다.
    항상(계속해서) 기억합니다.

Мы (Я) Вас (тебя) часто (всегда, постоянно) вспоминаем(-ю).

                   ни на минуту (никогда) не забываем.

                   всегда (постоянно) помним(-ю).

* 나는 당신에 대해 친구들에게 계속 이야기합니다.

                     자주 이야기합니다.

                     많이(자주, 계속해서) 생각합니다.

          당신을 매우 그리워합니다.

Я о Вас (о тебе) постоянно рассказываю друзьям.

                  часто (много) говорю с друзьями.

                  много (часто, постоянно) думаю.

                  очень скучаю.

---

* (저는) 자주(만족스럽게) 우리 만남을 회상합니다.

(Я) Часто (с удовольствием) вспоминаю наши встречи.

---

* 저는 당신과 (다시) 만나고 싶은 한 가지 소망을 갖고 있습니다.

                                      싶습니다.

          (지금) 당신과 함께 있고 싶습니다.

У меня одно желание - (снова) встретиться с Вами
                       (с тобой).

Мне (Нам) очень хочется (опять) встретить Вас (тебя).

                         быть (сейчас) вместе с Вами
                         (с тобой).

---

* 빨리 돌아오세요! (오세요)!
* 지체하지 마세요!

Скорее возвращайся(-тесь) (приезжай(-те))!

Не задерживайся(-тесь)!

3부 편지봉투 작성법

편지 봉투의 앞면은 수신인이 편지를 정확하게 받을 수 있도록 주소를 적어 놓는 곳인데 크게 네 부분으로 나누어진다.

(1) 우표 붙이는 부분
(2) 수신인의 주소와 성명을 적는 부분
(3) 색인 표시를 넣는 부분
(4) 발신인의 주소와 성명을 적는 부분

발신인의 주소 성명	우표 붙이는 부분
	수신인의 주소 성명
	색인 표시를 넣는 부분

수신인의 주소에는 다음과 같은 내용을 명시한다:

(1) 도시
(2) 주, 구역
(3) 거리
(4) 동, 호수 / 번지
(5) 성명

　수신인의 성, 이름과 부칭은 여격으로 쓴다. 이름과 부칭은 이니셜을 사용해 쓸 수 있으며, 성을 먼저 쓴 다음 이름과 부칭을 쓴다. 어린아이에게 편지를 보내는 경우에는 이름만 쓴다. 가족 전체에게 보내는 편지일 경우, 복수 여격을 사용한다.

남자 성명

주격	여격
Пётр Петрович Иванов	Петру Петровичу Иванову
Юрий Алексеевич Петров	Юрию Алексеевичу Петрову
Николай Иванович Фадеев	Николаю Ивановичу Фадееву

여자 성명

주격	여격
Нина Петровна Иванова	Нине Петровне Иванове
Лариса Алексеевна Петрова	Ларисе Алексеевне Петрове
Наташа Ивановна Фадеева	Наташе Ивановне Фадееве

성 복수

주격	여격
Ивановы	Ивановым
Петровы	Петровым
Фадеевы	Фадеевым

러시아어 편지 실례

신년인사

Уважаемый Николай Николаевич!

Мы сердечно поздравляем Вас с Новым годом!

Желаем Вам больших успехов во всех делах и крепкого здоровья.

С глубоким уважением.

Колектив института.

존경하는 니꼴라이 니꼴라예비치!
새해를 진심으로 축하드립니다.
모든 일에서 성공과 굳건한 건강을 기원합니다.

깊은 존경심을 담아
연구소 동료들 올림

Дорогая Лара!

Сердечно тебя поздравляю с Новым годом!

Пусть он принесёт тебе счастье, радость, успехи!

Всегда твоя Нина.

친애하는 라라!
새해 복 많이 받으렴.
새해에는 행복, 기쁨, 성공이 넘치길!

항상 너의 니나

편지 3

С Новым годом, Иван Иванович!
Пусть будет он мирным, счастливым, добрым!
Желаю от всего сердца здоровья и благополучия.

Ваш Смирнов.

새해 복 많이 받으세요, 이반 이바노비치!
평온하고, 행복하고, 좋은 새해가 되시길!
건강과 행복을 진심으로 바랍니다.

당신의 스미르노프

편지 4

Милая Наташенька!

С праздником тебя и твоего мужа! Пусть Новый год принесёт Вам много хорошего, здоровье, счастье. Пусть минуют Вас неприятности, болезни и разочарования. Ещё раз поздравляю Вас с праздником!

Твоя Анна.

친애하는 나따쉔까!

너와 네 남편에게 신년 축하 인사 보낸다. 새해에는 건강, 행복, 좋은 일이 많길 바란다. 나쁜 일, 병, 슬픈 일은 그냥 지나가길 바라고. 다시 한 번 새해 복 많이 받아.

너의 안나

Дорогой Игорь Констатинович!

Разрешите Вас поздравить с наступившим Новым годом! Единственное пожелание - чтобы были всегда друзья и товарищи, чтобы не ослабевала в них потребность.

С Новым годом!

С уважением

А. Петров

친애하는 이고리 꼰스따찌노비치!
다가오는 신년 인사드립니다! 유일한 바람은 항상 친구와 동료들이 함께 하며, 그들에게 꼭 필요한 존재가 되는 것입니다.
새해 복 많이 받으세요!

존경심을 담아
뻬뜨로프

 편지 6

Милая Нина Николаевна!
В наступившем году - здоровья, счастья и успехов!
Мир Вам и Вашему дому!

Владимир.

친애하는 니나 니꼴라예브나!
다가오는 새해에는 건강, 행복, 성공이 가득하길 바랍니다.
당신과 당신 가정에 평화를 기원하며!

블라지미르

생일축하

Уважаемый Михаил Петрович!

По случаю Вашего юбилея примите наши сердечные поздравления и самые искренние пожелания доброго здоровья, большого личного счастья.

С уважением

Нина Александровна

존경하는 미하일 뻬뜨로비치!
당신의 기념일을 맞이하여 저의 진심 어린 축하와 좋은 건강, 개인적인 행복에 대한 진실한 저의 소망을 받아 주십시오.

존경심과 함께

니나 알렉산드로브나

Дорогая Софья Павловна!

Горячо и сердечно поздравляем Вас с днём рождения.

Ваша плодотворная деятельность, неиссякаемая энергия, принципиальность - всегда вызвали глубокое наше уважение, любовь и доверие.

Для всех нас Вы являетесь примером того, каким должен быть человек.

Выражая наши сердечные к Вам чувства и горячо поздравляя, дорогая Софья Павловна, мы искренне желаем Вам доброго здоровья и счастья, успехов.

С уважением

Ваши коллеги.

친애하는 소피야 빠블로브나!
당신의 생일을 뜨겁게, 진심으로 축하드립니다. 당신의 에너지와 원칙성이 돋보이는 결실 있는 활동은 항상 우리의 깊은 존경심, 사랑과 신뢰심을 불러일으킵니다.
우리 모두에게 당신은 어떤 사람이 되어야 하는 지에 대한 모범이 되십니다.
소피야 빠블로브나! 당신에 대한 우리의 진실한 감정을 표현하며, 진심으로 축하하면서, 건강, 행복, 성공을 진심으로 기원합니다.

존경심을 담아

당신의 동료들

편지 3

Оленька, голубчик, здравствуй!

Надеюсь, что успею этим письмом поздравить тебя с днём рождения и пожелать тебе и впредь оставаться лёгкой на подъём и жизнерадостной.

Надеюсь, что у тебя всё хорошо и ты встретишь свой день рождения в кругу друзей.

Целую тебя, дорогая именинница.

Твоя Аня.

올렌까, 내 사랑, 안녕!
이 편지로 네 생일을 축하하고, 네가 순탄하게, 기쁜 생활하기를 기원하고 싶다.
너의 모든 일이 잘 되고, 친구들에 둘러 싸여 생일을 맞기를 바래.
사랑하는 대녀, 네게 입 맞춘다.

너의 아냐

결혼축하

Дорогие Соня и Андрей!

Мы очень сожалеем, что не можем поздравить Вас лично с браком, и спешим сделать это хотя бы письменно. Ваши достоинства, дорогие друзья - залог вашего счастливого будущего. Пусть Ваша жизнь всегда будет озарена солнцем любви и счастья!

Всего Вам хорошего!

Ваши Алексей, Антон.

친애하는 소냐, 안드레이!

우리는 두 분의 결혼을 직접 가서 축하하지 못해 매우 안타깝습니다. 이렇게 서면으로라도 서둘러 축하를 보냅니다. 두 분의 장점, 좋은 친구들은 행복한 미래의 담보입니다. 두 분의 삶이 사랑과 행복의 태양으로 빛나길 바랍니다.

신랑, 신부께 좋은 일만 있길!

당신의 알렉세이, 안똔

Милые, дорогие новобрачные!

Примите мои искренние поздравления. Желаю Вам счастливой семейной жизни в любви и согласии.

Будьте вечно счастливы и здоровы!

Обнимаю Вам и крепко целую!

Ваш Юрий.

친애하고 사랑스러운 신랑, 신부께
저의 진심 어린 축하를 받아 주십시오. 당신이 사랑과 화합 속에서 행복한 가정 생활을 화길 바랍니다.
영원히 행복하고, 건강하십시오!
당신을 포옹하고 입 맞추며!

당신의 유리

탄생축하

 **편지 1**

Дорогие друзья!

Радуемся и поздравляем Вас с появлением нового члена семьи! От души желаем всем Вам здоровья и семейного благополучия.

Пусть малыш растёт крепким и здоровым, большим и сильным, пусть приносит только радость родителям!

Всего Вам хорошего, доброго, радостного!

Обнимаем и целуем.

Ваши коллеги.

친애하는 친구들!
새로운 식구가 생긴 것을 기쁘게 생각하며, 축하합니다.
가족 모두의 건강과 가정의 행복을 충심으로 기원합니다.
아기가 튼튼하고 건강하게 크고, 튼튼하게 자라길 바라며, 부모에게 기쁨만을 주길 기원합니다.

당신들 모두에게 좋고, 선하고, 기쁜 일만 있길!

포옹과 입맞춤을 보내며

당신의 동료들

 **편지 2**

Дорогие, милые Таня и Павел!

От всего сердца поздравляем Вас с рождением доченьки. Пусть растёт она красивой и умной, как её родители, на радость Вам и вашим близким. Будьте здоровы, счастливы, веселы! Пусть никакие невзгоды не омрачают вашей жизни.

Крепко целуем.

Толя и Лена.

친애하고, 사랑하는 따냐와 빠벨!
예쁜 딸의 생일을 진심으로 축하해. 그 아이가 부모처럼, 아름답고, 지혜롭게 자라서 너희 부부와 친지들에게 기쁨을 주길 바란다. 건강하고, 행복하고, 즐겁게 지내길! 가족의 삶을 어둡게 할 어떤 불운도 일어나지 않길 바란다.

입 맞추며

똘랴와 레나

비즈니스 레터

Уважаемый…

Наша фирма занимается поставкой школьных программ. Мы предлагаем брошюру, в которой собраны программы, которые могут составить фонд для Вашей школы.

Эти программы успешно прошли проверку в более 1000 государственных и частных школах по всей стране. Все без исключения школы отзываются о них положительно.

Если Вы заинтересованы в приобретении любой из наших программ, я был бы счастлив обсудить с Вами этот вопрос. Я буду в Вашем районе на следующей неделе и заранее позвоню, чтобы договориться о встрече.

존경하는 …

우리 회사는 학교 프로그램을 공급하는 회사입니다. 우리는 귀교의 기금을 구성할 수 있는 프로그램이 총망라되어 있는 브로셔를 보내 드립니다.

이 프로그램은 전국 1000개 이상의 공립 및 사립학교에서 성공적으로 검증되었습니다. 모든 프로그램은 예외 없이 긍정적인 평가를 받았습니다.

만일 귀교가 우리 프로그램 구입에 관심이 있어, 이 문제를 제가 귀교와 토의하면 기쁠 것입니다. 저는 다음 주에 귀교 지역을 방문할 예정입니다. 만날 시간을 약속하도록, 미리 전화 주십시오.

- **заниматься поставкой** 공급을 담당하다
- **школьный** 학교의
- **программа** 프로그램
- **предлагать / предложить** 제안하다, 제공하다
- **брошюра** 브로셔
- **собирать / собрать** 모으다
- **составлять / составить** 작성하다, 구성하다
- **фонд** 기금
- **успешно** 성공적으로
- **пройти проверку** 검토를 거치다
- **государственная школа** 공립학교
- **частная школа** 사립학교
- **по всей стране** 전국적으로
- **без исключения** 예외 없이
- **отзываться / отозваться** (о＋전치격) 평가하다
- **положительно** 긍정적으로
- **заинтересован** (в＋전치격) ~에 관심있다
- **приобретение** 구입
- **счастливый** 행복한
- **обсуждать / обсудить** 토론하다
- **район** 구역
- **на следующей неделе** 다음 주에
- **заранее** 사전에
- **договариваться / договориться** 합의하다

Принятие предложения служащего

ДАТА :

КОМУ :

ОТ КОГО :

ТЕМА : деловое предложение

С удовольствием сообщаем Вам, что Ваше предложение начать работы по [*название проекта*] принято. Ваша идея великолепна и принесёт большую пользу компании. Как видите, мы стараемся осуществить её как можно быстрее.

Ещё раз поздравляем Вас и выражаем своё восхищение. Примите в знак признания Ваших заслуг чек на [.... *долларов*].

직원의 제안 채택

일자 :

수신인 :

발신인 :

주제 : 업무 제안

[프로젝트명] 업무를 시작하자는 귀하의 제안이 채택되었음을 통보하게 되어 기쁩니다. 귀하의 아이디어가 훌륭하여 회사에 큰 이익을 줄 것입니다. 우리는 가능하면, 그 아이디어를 빨리 실행하려고 노력하고 있습니다.

어휘 및 표현

- **деловой** 업무의
- **предложение** 제안
- **с удовольствием** 만족스럽게
- **сообщать / сообщить** 통보하다
- **начинать / начать** 시작하다
- **работа по** (+여격) ～에 대한 업무
- **название** 명칭
- **проект** 프로젝트
- **принимать / принять** 채택하다
- **идея** 아이디어
- **великолепный** 위대한
- **принести пользу** (+여격) ～에게 이익을 주다
- **компания** 회사
- **стараться / постараться** (+동사원형) ～를 노력하다
- **осуществлять / осуществить** 수행하다
- **как можно быстрее** 가능한 빨리
- **поздравлять / поздравить** (+대격, с 조격) ～에게 …를 축하하다
- **выражать восхищение** 감탄을 표현하다
- **в знак** (+ 생격) ～의 표시로
- **признание** 인정
- **заслуга** 공로
- **чек** 수표

Поздравление с успешным завершением важной работы

ДАТА :

КОМУ :

ОТ КОГО :

ТЕМА : поздравление

Вы сделали то, что многим казалось невозможным, и доказали, как глубоко ошибались скептики.

Без сомнения, Ваши достижения будут главным предметом разговоров в ближайшее время.

Вашими достижениями восхищаются как специалисты, так и люди, далёкие от сферы нашей деятельности.

Примите мои сердечные поздравления с Вашим успехом!

중요한 업무의 성공적인 이행 축하

일자 :

수신인 :

발신인 :

주제 : 축하

귀하는 많은 사람들이 불가능하다고 여겼던 일을 완수하였고, 이 일에 회의적인 태도를 가졌던 사람들이 얼마나 심각한 실수를 하였는 지를 증명하였습니다.

의심할 여지없이 귀하의 성과는 앞으로 화제가 될 것입니다.
전문가들뿐만 아니라, 타 분야 종사자들까지도 귀하의 성과에 감탄하고 있습니다.
귀하의 성공에 대한 나의 진심 어린 축하를 받아 주십시오.

어휘 및 표현

- казаться / показаться　（+여격, +조격）～에게 …처럼 보이다
- невозможный　불가능한
- доказывать / доказать　～를 증명하다
- глубоко　깊게
- ошибаться / ошибиться　실수하다
- скептик　회의론자
- без сомнения　의심할 여지없이
- достижение　업적
- главный предмет　주 대상
- разговор　대화
- в ближайшее время　근래에
- восхищаться / восхититься (+조격)　～에 감탄하다
- как, …так и…　～ 뿐만 아니라, ～도
- специалист　전문가
- далёкий от （+생격）～부터 멀리
- сфера деятельности　활동영역
- принимать / принять　채택하다
- сердечный　진지한
- поздравление　축하
- успех　성공

Побуждение служащих работать с полной отдачей

ДАТА :

КОМУ :

ОТ КОГО :

ТЕМА : путь к успеху

Прошедший год был трудным, и мы не ожидали хороших результатов. Однако, благодаря Вашим усилиям, наша компания достигла гораздо больших успехов, чем мы предполагали.

Надеюсь, что и в будущем Вы будете работать столь же эффективно, и благодаря Вам мы добьёмся в этом году ещё лучших результатов, что, естественно, приведёт к повышению заработной платы.

Проявим же настойчивость и будем уверены в успехе - тогда он нам обеспечен!

직원 격려

일자 :

수신인 :

발신인 :

주제 : 성공으로 가는 길

작년이 힘들었던 한 해인지라 우리는 좋은 결과를 기대하지 않았습니다. 그러나 여러분의 노력 덕분에 우리 회사는 예상했던 것 보다 큰 성공을 거두었습니다.

앞으로도 그렇게 효과적으로 일해서, 그 덕택에 당사가 더 좋은 성과를 거두고, 그에 따른 여러분의 임금인상이 있길 바랍니다.

정진하여서, 성공을 확신합시다. 그러면 성공은 우리 것입니다.

어휘 및 표현

- прошедший   지나간
- год   년
- трудный   어려운
- ожидать   기대하다
- результат   결과
- благодаря (＋여격)   ~덕분에
- усилия   (주로 복수 사용) 노력
- компания   회사
- достигать / достигнуть   달성하다
- гораздо   훨씬
- успех   성공
- чем (비교급, ＋주격)   ~보다
- предполагать / предположить   예상하다
- надеяться   바라다
- в будущем   미래에
- работать   일하다
- столь же   그만큼
- эффективно   효과적으로
- добиваться / добиться (＋생격)   이루다
- в этом году   올해에
- ещё   또한
- лучший   가장 좋은
- естественно   자연스럽게

- приводить / привести к（＋여격） ～를 초래하다

- повышение 인상

- заработная плата(зарплата)   봉급

- проявлять / проявить настойчивость   집요함을 보이다

- уверен в（＋전치격） ～를 확신하다

- тогда 그때, 그러면

- обеспечивать / обеспечить   보장하다

- обеспеченный   보장된

Просьба дать совет, адресованная уважаемому сотруднику

ДАТА :

КОМУ :

ОТ КОГО :

ТЕМА : просьба дать совет

Откровенно говоря, я нуждаюсь в Вашем совете по вопросу, который очень волнует рабочих и служащих предприятий местной обрабатывающей промышленности. Дело в том, что ходят слухи о предстоящем слиянии компаний (в корпорацию). Эти слухи плохо отражаются на работе служащих, и их доверие к нашей компании падает. Мне известно, что некоторые наши служащие уже подали заявление о приёме на работу к нашим конкурентам. Очевидно, что всё это может привести к нежелательным последствиям.

Я понимаю необходимость сделать официальное заявление для служащих, но не знаю, в какой форме. Не могли Вы мне помочь в этом вопросе? Буду очень признателен, если Вы дадите мне совет в этом деликатном деле.

존경하는 직원에게 조언 요청

일자 :
수신인 :
발신인 :
주제 : 조언 요청

솔직히 말씀드려, 현지 제조업체의 직원들을 매우 동요시키고 있는 문제와 관련하여 당신의 조언이 필요합니다. 곧 회사가 합병될 거라는 소문이 돌고 있는데 문제가 있습니다. 이 소문은 직원들의 업무에 나쁘게 반영되어, 우리 회사에 대한 신뢰도가 떨어지고 있습니다. 제가 아는 바로는, 우리 몇 몇 직원은 경쟁업체에 입사 원서를 냈다고 합니다. 이 모든 일이 원치 않은 결과를 초래할 것이 자명합니다.
직원들을 대상으로 공식적인 성명을 발표해야 할 필요성을 이해하지만, 어떤 양식으로 해야 할지 모르겠습니다. 이 문제로 저를 도와주시지 않으시겠습니까? 당신이 이 민감한 사안에 대해 조언을 해주시면, 정말 감사하겠습니다.

■ просьба   요청
■ дать совет   충고하다

- адресованный   адресовать(보내다)의 피동 형동사
- уважаемый   존경하는
- сотрудник   직원
- откровенно   솔직히
- говоря   говорить(말하다)의 부동사 현재
- нуждаться (в+전치격) ~를 필요로 하다
- волновать   동요시키다
- рабочий   직원
- служащий   근무자
- предприятие   기업
- местный   현지의
- обрабатывающая промышленность   제조업
- дело в том, что   문제는 ~에 있다
- ходят слухи   소문이 떠돌아다니다
- предстоящий   다가올
- слияние   합병
- компания   회사
- корпорация   조합
- отражаться (на+전치격) ~에 반영되다
- работа   업무
- доверие (к+여격) ~에 대한 신뢰
- падать   떨어지다
- известно   알려져 있다
- подать заявление (о+전치격) 에 대한 신청서를 내다
- приём на работу   입사
- конкурент   경쟁자
- очевидно   분명하다
- привести к(+여격) ~를 초래하다
- нежелательный   바람직하지 못한
- последствие   결과

- необходимость　필요성

- сделать официальное заявление　공식성명을 하다

- форма　형태

- помочь (в+전치격)　~를 돕다

- признателен　감사하다

- деликатный　민감한

- дело　일

Ответ на письмо-заказ, который в данный момент компания выполнить не может

Уважаемый

Мы получили Ваш заказ на (название продукции) и хотели бы поблагодарить Вас за него. К сожалению, мы не сможем немедленно отправить Вам, так как сейчас его нет в наличии. Однако мы закажем его и надеемся получить к (число).

Пожалуйста, примите наши извинения за причиненные Вам неудобства. Мы доставим Вам (название) приблизительно (дата).

Если у Вас возникнут вопросы, звоните в наше справочное бюро по телефону (номер). Плата за междугородние разговоры по этой линии не взимается.

주문 불이행

존경하는 고객님!

우리 회사는 (제품명)에 대한 당신의 주문을 받아서, 그에 대해 감사드리고 싶습니다. 유감스럽게도, 현재 제품이 없기 때문에, 당신에게 즉시 배달할 수가 없습니다. 그러나 우리는 주문을 해서 (며칠 까지) 수령하고자 합니다.

당신께 드린 불편함에 대한 우리 회사의 사과를 받아 주십시오. 우리 회사는 당신께 (제품명)을 대략 (날짜)에 배달할 것입니다.

만일 문제가 발생한다면, 우리 안내데스크 전화 (번호)로 연락 주십시오. 이 전화번호로 한 시외전화는 무료입니다.

어휘 및 표현

- **ответ** (на+대격) ~에 대한 답장
- **письмо-заказ** 주문편지
- **в данный момент** 해당 순간에
- **выполнять / выполнить** 이행하다
- **мочь**(могу, можешь ; могут) (+ 동사원형) ~를 할 수 있다
- **получать / получить** 받다
- **заказ** (на+대격) ~에 대한 주문
- **название** 명칭
- **продукция** 제품
- **хотел бы** (+동사원형) ~하고 싶다
- **благодарить / поблагодарить** (за+ 대격) ~에 대해 감사하다
- **к сожалению** 유감스럽게도
- **немедленно** 즉각적으로
- **отправлять / отправить** 발송하다
- **так как** 왜냐하면
- **в наличии** 존재하다
- **заказывать / заказать** 주문하다

■ надеяться   바라다

■ получать / получить   받다

■ принимать / принять извинения （за＋대격） 사과를 받다

■ причиненный   야기된

■ неудобство   불편

■ доставлять / доставить   배송하다

■ приблизительно   대략

■ возникать / возникнуть   발생하다

■ звонить / позвонить   전화하다

■ справочное бюро   안내 데스크

■ по телефону   전화로

■ плата （за＋대격） ～에 대한 비용

■ междугородный разговор   시외통화

■ по этой линии   이 라인으로

■ взиматься   징수되다

 **편지 7 : 주문서 작성 실수로 인한 문제 해결 시도**

Попытка удалить проблемы из-за неправильного оформления заказа

Уважаемый

Мы рады были получить Ваш заказ, однако его выполнение связано с некоторыми сложностями. Условия оплаты, указанные на стр. 123 нашего каталога таковы, что импортные товары продаются с предварительной оплатой. Причем в оплату кроме

стоимости товара входит стоимость его транспор-
тировки.

Таким образом, мы не можем предоставить заказанный Вами товар, пока не получим чек или гарантийное письмо. По предварительным данным расходы на доставку товара составят (...) долларов.

Ответьте нам, пожалуйста, как можно скорее.

Ещё раз благодарим Вас за заказ и ждём Вашего ответа.

주문서 작성 실수로 인한 문제 해결 시도

존경하는
우리는 당신의 주문을 받았으나, 주문 이행을 하는 데 몇 가지 복잡함이 있습니다. 우리 카탈로그 123쪽에 명시된 대로, 수입품은 선지불로 판매하고 있습니다. 지불금액에는 상품가격 외에 운송비도 포함되어 있습니다.
따라서, 우리는 수표나 보증편지를 받기 전에는 당신이 주문한 상품을 배송할 수 없습니다. 예비 자료에 따르면 배송비는 (…) 달러입니다.
가능한 빨리 답장을 주십시오.
다시 한 번 주문해주신 것에 대해 감사드리며, 당신의 답신을 기다립니다.

- попытка 시도
- удалять / удалить 제거하다
- из-за (＋생격) ~ 때문에 (나쁜 원인)
- неправильный 올바르지 못한
- оформление заказа 주문서 작성

▪ выполнение   이행

▪ связано с（＋조격） ~와 연관되어 있다

▪ сложность   복잡함

▪ условие   조건

▪ оплата   지불

▪ указанный   명시된

▪ каталог   카탈로그

▪ импортные товары   수입품

▪ продаваться / продаться   팔다

▪ с предварительной оплатой   선불로

▪ причем   게다가

▪ кроме（＋생격） ~외에

▪ стоимость   가격

▪ товар   상품

▪ входить в（＋대격） 에 포함되다

▪ транспортировка   운송

▪ таким образом   따라서

▪ предоставлять / предоставить   제공하다

▪ заказанный товар   주문 상품

▪ пока не   ~전에

▪ чек   수표

▪ гарантийное письмо   보증편지

▪ по предварительным данным   예비 자료에 따르면

▪ расходы（на＋대격）에 대한 지출

▪ доставка   배송

▪ составлять / составить   작성하다

▪ доллар   달러

▪ как можно скорее   가능하면 빨리

▪ ждать ответа   답장을 기다리다

Сообщение о том, что ранее заказанный товар имеется в наличии

Уважаемый

С удовольствием сообщаем Вам, что запасные части, которые Вы заказывали, поступили на склад. Вы можете получить их по вышеуказанному адресу.

Пожалуйста, примите наши извинения за задержку с выполнением Вашего заказа. Мы благодарим Вас за проявленное терпение.

Если Вам понадобятся наши услуги, звоните по бесплатной междугородной телефонной линии (номер телефона).

주문상품의 재고 확인에 대한 통보

존경하는 고객님
고객님이 주문한 부품이 창고에 들어 왔음을 알려드리게 되어 기쁘게 생각합니다. 고객님은 상기 명시한 주소로 물건을 받으실 수 있습니다.
고객님의 주문 이행을 지체한 것에 대한 우리의 사과를 받아 주십시오. 참고 기다려주신 것에 대해 감사합니다.
우리의 서비스가 필요하다면, 무료 시외전화(번호)로 전화 주십시오.

- сообщение   통보
- ранее   일찍
- заказанный товар   주문 상품
- иметься в наличии   존재하다
- с удовольствием   만족스럽게
- сообщать / сообщить   통보하다
- запасные части   부품
- заказывать / заказать   주문하다
- поступать / поступить   들어오다
- склад   창고
- вышеуказанный   위에 명시한
- адрес   주소
- задержка   지체
- выполнение   이행
- проявлять / проявить терпение   인내를 보이다
- надобиться / понадобиться   필요로 하다
- услуга   서비스
- бесплатный   무료의
- междугородная телефонная линия   시외전화선

편지 9 : 주문 상품 배달 지체에 대한 사과 편지

Письмо с извинениями за задержку в доставке заказанного товара в связи с неожиданным повышением спроса

Уважаемый

После выхода нашего летнего каталога, мы стали

получать так много заказов, что иногда просто не можем выполнить их все в срок. Ваш заказ (номер) будет выполнен в течение (время) со сегодняшнего дня.

Примите наши извинения.

주문 상품 배달 지체에 대한 사과 편지

존경하는 고객님
우리 회사의 여름 카탈로그가 나간 이후 우리는 많은 주문을 받아서, 모든 주문을 기간 내에 이행할 수 없게 되었습니다. 고객님의 주문(번호)은 오늘부터 (기간) 내에 이행될 것입니다.
우리의 사과를 받아 주십시오.

- письмо с извинениями 사과 편지
- задержка 지체
- доставка 배송
- заказанный товар 주문상품
- в связи с（＋조격） ～와 관련하여
- неожиданный 예기치 않은
- повышение спроса 수요 증가
- выход каталога 카탈로그 출시
- выполнять / выполнить 이행하다
- в срок 기간 내에
- в течение ～동안
- с（＋생격） ～로부터
- сегодняшний день 오늘

Письмо, адресованное фирме, с которой авторов связывает длительное сотрудничество

Уважаемый

Наши фирмы успешно сотрудничают уже много лет. Поэтому я был очень удивлён, не получив ответа на напоминание о неоплаченных Вами счётах. Я всегда готов понять Ваши трудности, так как заинтересован в сохранении хороших отношений с Вашей фирмой.

Я не требую от Вас немедленной оплаты счётов, но прошу связаться с моим управляющим по вопросам кредитования и обсудить с ним возможность продления срока Вашего кредита.

Пожалуйста, сделайте это как можно быстрее.

오랜 거래처에 보내는 편지

존경하는 고객님!

우리 양 회사는 수 년 동안 성공적으로 협력해 왔습니다. 그래서 귀사의 미지불 결제대금 독촉장에 대한 답장을 받지 못해 무척 놀랐습니다. 저는 귀사와 좋은 관계를 유지하고자 하였기 때문에, 항상 귀사의 어려움을 이해하고자 하였습니다.

저는 즉시 대금을 지불하라고 요구하지 않겠습니다만, 저의 경영자와 대출 문제와 관련하여 만나셔서 귀사의 대출시기를 연장할 가능성을 논의하길 바랍니다.

가능한 이일을 빨리 처리 하십시오.

- адресованный   보내지는
- фирма   회사
- автор   저자
- связывать   연결하다
- длительный   긴
- сотрудничество   협력
- успешно   성공적으로
- сотрудничать   협력하다
- поэтому   따라서
- удивлён   ~에 놀라다
- напоминание   상기
- неоплаченный   미지급된
- готов (+동사 원형)   ~할 용의가 있다
- понимать / понять   이해하다
- трудность   어려움
- так как   ~때문에
- заинтересован (в+ 전치격)   ~에 관심이 있다
- сохранение   유지
- отношения   (복수) 관계
- требовать / потребовать   요구하다
- немедленный   즉각적인
- оплата   지불
- просить / попросить   요청하다
- связываться / связаться (с+조격)   ~와 연관되다
- управляющий   경영자
- кредитование   대출
- обсуждать / обсудить   토론하다
- возможность   가능성

- **продление** 연장
- **срок** 기한
- **кредит** 대출

«Дружеское напоминание» о просроченных платежах

Уважаемый

Я бы хотел напомнить Вам, что некоторые Ваши расходы превысили суммы, обусловленные договором. Для Вашего удобства я перечислю неоплаченные Вами счёта.

Я знаю, что у Вас несколько поставщиков и Вам, может быть, сложно оформить счёта к нужному времени. Я прилагаю к письму копию Вашей сметы, чтобы Вам было легче проверить просроченные счёта. После того как Вы сделаете это, прошу Вас выписать чек на нужную сумму.

Благодарю за сотрудничество.

연체금 독촉

존경하는 고객님
당신의 몇몇 지출 금액이 계약에 규정된 금액에 초과되었음을 당신께 상기시키고자 합니다. 당신의 편의를 위해 미지불한 대금을 열거하였습니다.

당신 회사가 여러 공급자와 거래하기 때문에, 아마도 정해진 시간까지 결제하기가 복잡할 것으로 알고 있습니다. 견적서를 편지에 첨부하오니, 연체대금을 검토하기가 용이할 것입니다. 검토 즉시 필요한 금액에 대한 수표를 쓰실 것을 부탁합니다.

협조에 감사드립니다.

- дружеский 우호적인
- напоминание 상기
- просроченный 연체된
- платеж 지불
- хотел бы （＋동사원형）~하고 싶다
- напоминать / напомнить 상기시키다
- расход 지출
- превышать / превысить 초과하다
- сумма 금액
- обусловленный 규정된
- договор 조약
- удобство 편의
- перечислять / перчислить 열거하다
- неоплаченный 미지급된
- поставщик 공급자
- может быть 아마도
- сложно 복잡하게
- оформлять / оформить 작성하다
- к нужному времени 필요한 시간까지
- прилагать / приложить 첨부하다
- копия 복사본
- смета 견적, 예산

■ проверять / проверить 검토하다

■ выписывать / выписать чек 수표를 쓰다

Объяснение причин повышения цен

Уважаемый

К сожалению, в связи с повышением цен на сырьё мы вынуждены поднять цену и на нашу продукцию, о чём уведомляем всех наших клиентов.

Мы как могли оттягивать повышение цен, однако оно неизбежно. Вместе с письмом мы высылаем Вам новый прейскурант, чтобы Вы могли изучить его до повышения цен с (дата). Все заказы до (дата) будут оплачиваться по старым ценам.

Нам хотелось бы поблагодарить Вас за сотрудничество с нашей компанией и выразить уверенность, что Вы поймёте вынужденность предпринимаемой нами меры.

Если у Вас есть вопросы, звоните нам.

가격인상 원인 설명

존경하는
유감스럽게도 원자재가격 인상으로 인해, 우리 제품의 가격도 인상할 수밖에 없음을 우리 모든 고객님께 알려드립니다.
우리는 가격인상을 연기할 수는 있으나, 피할 수는 없습니다. 우리는 가격인상

전 (일자)까지 살펴보도록 새로운 가격표를 편지에 첨부해 보내 드립니다. (일자)까지의 모든 주문은 이전 가격으로 계산될 것입니다.
우리 회사와의 거래에 감사드리며, 우리 회사가 가격인상 조치를 취한 당위성을 이해해주시리라 믿습니다.
만일 질문이 있으면, 우리 회사에 전화 주십시오.

어휘 및 표현

- объяснение　설명
- причина　원인
- повышение　인상
- цена　가격
- к сожалению　유감스럽게도
- в связи с（＋조격）　~와 관련하여
- цена на（＋대격）　~에 대한 가격
- сырьё　원료
- вынужден（＋동사원형）　~해야 한다
- поднимать / поднять　올리다
- продукция　제품
- уведомлять / уведомить　통지하다
- клиент　고객
- оттягивать / оттянуть　연기하다
- однако　그러나
- неизбежно　불가피하게
- вместе　함께
- высылать / выслать　발송하다
- прейскурант　가격표
- чтобы　~하기 위해서
- изучать / изучить　연구하다

- **заказ**   주문
- **оплачиваться / оплатиться**   지불되다
- **сотрудничество**   협력
- **выразить уверенность**   확신을 표명하다
- **вынужденность**   당위성
- **предпринимаемый**   채택된
- **мера**   조치
- **если**   만일 ~라면

 **편지 13 : 프로젝트 주도에 대한 감사의 편지**

Благодарность за руководство проектом

Уважаемый

Позвольте выразить благодарность и признательность за Ваше выдающееся руководство компанией (название) в этом году.

Конечно, замечательные результаты уже сами по себе являются достойной наградой. Но я хотел бы сказать, что мы высоко ценим Вашу готовность взять на себя риск по руководству компанией в _____ году. Руководить компанией, разумеется, нелегко. Мы благодарны Вам за помощь, за Вашу готовность посвятить часть Вашего времени и таланта к нашему делу. Я горжусь нашими результатами и благодарю Вас!

프로젝트 주도에 대한 감사의 편지

존경하는

올해 당신의 뛰어난 회사(명칭) 경영에 대해 감사와 사의를 표합니다. 물론. 훌륭한 결과가 그 자체로 가치 있는 상입니다. 그러나 저는 _____ 년에 회사 경영에서 모험을 한 당신의 결단성을 높게 평가합니다. 회사를 이끈다는 것은 쉬운 일이 아닙니다. 우리는 당신의 도움과, 자신의 시간과 재능의 부분을 우리 일을 위해 바친 것에 대해 감사드립니다. 저는 우리 회사의 결과에 자부심을 가지며, 당신께 감사드립니다!

어휘 및 표현

- благадарность （за＋대격） ~에 대한 감사
- руководство　지도
- проект　프로젝트
- позволять / позволить　허락하다
- выразить благодарность　감사를 표하다
- выразить признательность за（＋대격）~에 대한 감사를 표현하다
- выдающийся　유명한
- в этом году　올해에
- конечно　물론
- замечательный　훌륭한
- результат　결과
- сами по себе　그 자체로
- являться / явиться（＋조격）~이다
- достойный　가치 있는
- награда　훈장
- ценить　평가하다
- готовность　용의
- взять на себя　책임지다
- риск　위험

- руководить （＋조격） 지도하다
- разумеется　아마도
- помощь　도움
- посвящать / посвятить　바치다
- часть　부분
- талант　재능
- гордиться （＋조격） ~를 자랑스러워하다

Сообщение об окончании срока контракта

Уважаемый

Согласно условиям нашего контракта с Вами на (наименование услуг), срок его действия заканчивается через 30 дней. Мы ожидаем, что Вы будете работать до (дата, месяц). Окончательный расчёт с Вами будет произведен по получении Вашего счёта. Имейте в виду, что из общей суммы оплаты Ваших услуг будет исключена стоимость изделий, потерянных или сломанных Вашим персоналом.

계약 만기에 대한 통보

존경하는

(서비스명) 에 대한 귀측과의 계약조건에 따라 계약유효기간이 30일 이후에 종료됩니다. 우리는 귀측이 (월, 일) 까지 일하기를 기대합니다. 귀측과의 최종결재

는 귀측이 청구서를 받으면 이행될 것입니다. 귀측의 서비스 대금 총액에서 귀측 직원이 사적으로 분실하거나, 고장 낸 제품의 가격이 제해짐을 고려하십시오.

어휘 및 표현

- окончание   종료
- срок   기한
- контракт   계약
- согласно (+여격)   ~에 따라서
- условие контракта   계약 조건
- услуга   서비스
- срок действия   유효기간
- заканчиваться / закончиться   끝나다
- через (+대격)   ~경과하여
- ожидать   기대하다
- окончательный расчёт   최종결재
- произведенный   수행된
- получение   수령
- счёт   계산서
- иметь в виду   고려하다
- общая сумма   총액
- оплата   지불
- исключенный   제외된
- стоимость   가격
- изделия   제품
- потерянный   손실된
- сломанный   고장난
- персонал   개인

Письмо, в котором отклоняется предложение о предоставлении услуг

Уважаемый

Благодарим Вас за время, потраченное Вами на оценку эффективности нашей системы и предварительный подсчёт стоимости Ваших услуг по её улучшению.

Обсудив Ваше предложение и оценив стоимость, также как и другие условия, мы решили пока не ввозить предлагаемые улучшения. Тем не менее, мы будем иметь их в виду и, может быть, воспользуемся Вашими услугами в будущем.

Мы весьма высоко оцениваем Ваши усилия в этой области.

서비스 제공 제안 유보 편지

존경하는

우리 시스템 효율성 평가와 그 개선을 위한 귀측 서비스 제공가의 견적을 위해 시간을 할애해 주신 것에 대해 감사드립니다.

귀측 제안을 토론하고, 가격과 기타 조건을 평가한 후, 우리는 제안한 개선사항을 아직 도입하지 않기로 결정하였습니다. 그러나 우리는 귀측의 서비스를 향후 사용하도록 고려할 것입니다.

우리는 이 분야에서의 귀측의 노력을 전적으로 높게 평가합니다.

- отклоняться / отклониться   유보되다
- предложение   제안
- предоставление услуг   서비스 제공
- потраченный   소요된
- оценка   평가
- эффективность   효과성
- система   시스템
- предварительный подсчёт   예비산정
- стоимость   가격
- услуга   서비스
- улучшение   개선
- обсуждать / обсудить   토론하다
- оценивать / оценить   평가하다
- условие   조건
- решать / решить   해결하다
- пока не   ~전에
- ввозить / ввезти   도입하다
- предлагаемый   제안된
- тем не менее   그러나
- иметь в виду   고려하다
- может быть   아마도
- воспользоваться （＋조격） 이용하다
- в будущем   미래에
- весьма   전적으로
- усилия   (주로 복수로 사용) 노력
- область   분야

Отказ в приёме на работу

Уважаемый

Благодарим Вас за проявленный интерес к (название работы) в (название компании). Хотя Ваша квалификация и близка к нашим требованиям, мы нашли несколько претендентов, чья квалификация в большой степени удовлетворяет им. Правильность нашего выбора подтвердили результаты собеседования.

Мы высоко ценим Ваше внимание к (название компании) и желаем Вам всего наилучшего.

입사 거절

존경하는
(회사명)의 (업무명)에 당신이 보여준 관심에 감사드립니다. 당신의 자격이 우리 요구에 근접했지만, 우리는 요구조건을 충족시키는 자격을 갖춘 몇몇 응시자들을 선발하였습니다. 우리 선택의 정확성을 면접 결과가 확인해주었습니다. 우리는 당신의 (회사명)에 대한 관심을 높게 평가하며, 당신의 건승을 기원 합니다.

어휘 및 표현

- отказ 거절
- приём на работу 취업
- проявлять / проявить интерес к (+여격) ~에 대한 관심을 표명하다

- хотя　비록 ～일지라도
- квалификация　자격
- требование　요구
- найти　찾다
- претендент　응시자
- в большой степени　상당히
- удовлетворять / удовлетворить　만족시키다
- правильность　정확성
- выбор　선택
- подтверждать / подтвердить　확인하다
- результат　결과
- собеседование　면접
- ценить　평가하다
- внимание (к+여격)　～에 대한 관심
- желать / пожелать　바라다
- наилучший　최상의

Благодарность за официальный обед

Уважаемый

Обед, который Вы дали членам (компании или организации), был просто замечателен. Всё было очень вкусно, и я не могу припомнить более приятного вечера.

Благодарю Вас за приглашение на эту прекрасную встречу. Вы, конечно, были как всегда очаровательным хозяйном(хозяйкой).

공식 오찬에 대한 감사

당신이 (회사나 조직명)의 회원에게 베풀어 주신 오찬은 훌륭하였습니다. 모든 음식이 맛있었고, 그 보다 더 유쾌한 파티는 생각해 낼 수 없습니다.
그렇게 훌륭한 만남에 초대해주셔서 감사합니다. 물론 당신은 언제나처럼 매력적인 호스트였습니다.

어휘 및 표현

- **официальный** 공식적인
- **дать обед** 오찬을 베풀다
- **член** 회원
- **припоминать / припомнить** 상기시키다
- **приятный** 유쾌한
- **приглашение** (на＋대격) ～로의 초대
- **прекрасный** 훌륭한
- **встреча** 만남
- **как всегда** 언제나처럼
- **очаровательный** 매력적인
- **хозяйн (хозяйка)** 주인

편지 18 : 추천서

Рекомендация

Уважаемый

Предъявитель данного рекомендательного письма –

(имя). Он работал в (название организации) в течение последних (количество) лет в качестве (должность) и проявил себя как знающий и надежный работник. Его энтузиазм и преданность (название сферы деятельности) всегда высоко ценились как нашими клиентами, так и его сослуживцами.

Я могу без колеваний рекомендовать (имя) для работы в Вашей компании. Он будет ценным приобретением для любой фирмы, который посчастливится иметь его среди своих сотрудников.

추천서

존경하는

해당 추천서 제출자 – (이름). 그는 (조직 명)에서 최근 (수사) 년 동안 (직위 명)로서 근무하면서 식견 있고, 신뢰할 수 있는 직원임을 보여 주었습니다. (활동 분야 명칭)에 대한 그의 열정과 성실함을 우리 고객들과 동료들은 항상 높게 평가하였습니다.

저는 (이름)을 귀사 업무에 자신 있게 추천할 수 있습니다. 그를 직원으로 고용하는 회사는 소중한 자산을 얻게 되는 것입니다.

어휘 및 표현

- рекомендация 추천
- предъявитель 제출자
- данный 해당
- рекомендательное письмо 추천서
- в течение ~동안

- последний   최근의
- в качестве   ~로서
- проявлять / проявить себя   자신을 보여주다
- знающий   식견 있는
- надежный   바람직한
- работник   직원
- энтузиазм   열정
- преданность   충실성
- клиент   고객
- сослуживец   동료
- без колеваний   주저함 없이
- рекомендовать   추천하다
- ценный   가치있는
- посчастливиться   운이 좋다
- сотрудник   직원

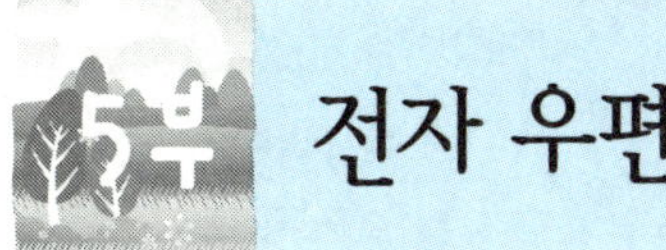 # 전자 우편

전자우편과 관련된 유용 표현

이 메일	электронная почта
이 메일 하다	имеилить
이메일 주소	электронный почтовый адрес
ID	идентификация
비밀번호	пароль
우편함	почтовый ящик
@	собачка, лягушка
편지 전송	отправление электронной почты
파일 전송	отправление (передача) файла
첨부파일	приложенный файл
음성파일	голосовой файл
삭제	удалсние
추가	добавление
이동	перемещение
저장	сохранение
메시지 분류	сортировка сообщений
모두에게 답장	ответить всем
텍스트 파일	текстовый файл
메일 읽기	читать письмо
메일 쓰기	писать письмо

회신(답장)　　　　　　ответить автору

주소록　　　　　　　　адресная книга

로그인　　　　　　　　Вход в Систему

로그아웃　　　　　　　Выход из Системы

Privacy Enhanced Mail (PEM)　　конфиденциальная почта

전자우편 발송　　　　　отправление электронной почты

개인 편지함　　　　　　персональный почтовый ящик

전자서명　　　　　　　электронная подпись

메일 서버　　　　　　　почтовый сервер

Message Handling System (MHS)　Система обработки сообщений

Mailing list　　　　　　Список почтовый рассылки

전자통신　　　　　　　Электрическая связь (Электросвязь)

Network Service　　　　Сетевая служба

Voice-mail　　　　　　речевая почта

인터넷 접속　　　　　　подключение к Интернету

서버 접속　　　　　　　доступ на Интернет

스팸 메일　　　　　　　электронный мусор

제목　　　　　　　　　заголовка

본문　　　　　　　　　текст

커서　　　　　　　　　курсор

Добавление нового почтового ящика
(새 우편함 추가)

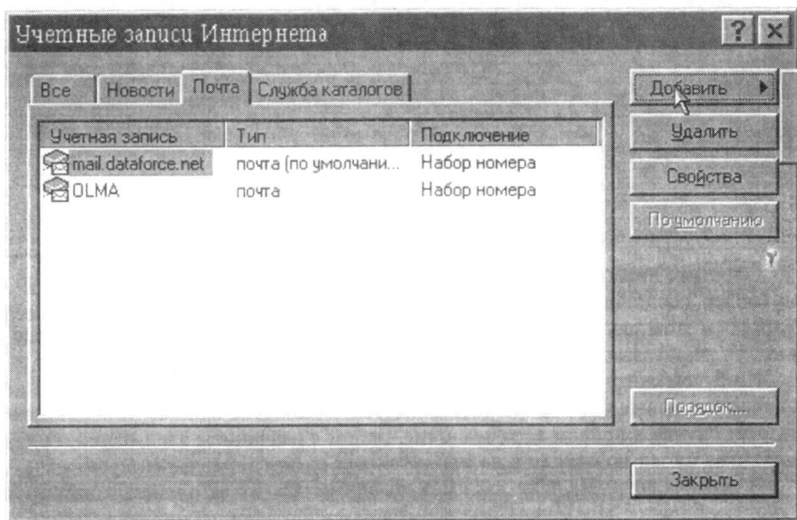

Получение почты
(편지 받기)

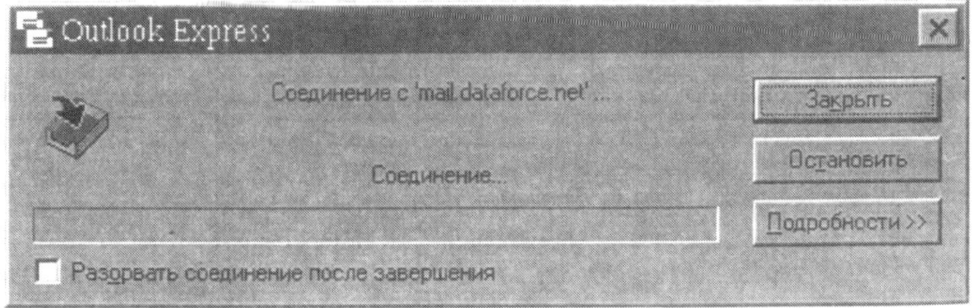

Удаление и перемещение сообщений
(메세지 삭제 및 이동)

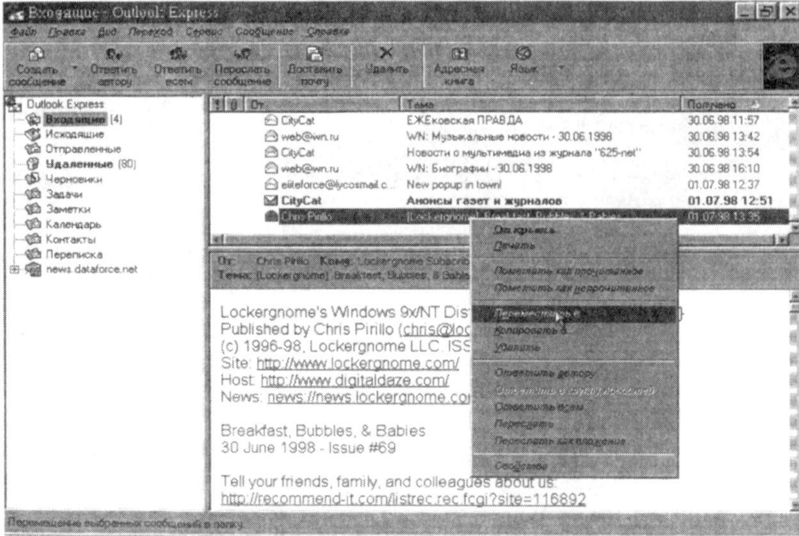

Создание нового сообщения
(새 메세지 작성)

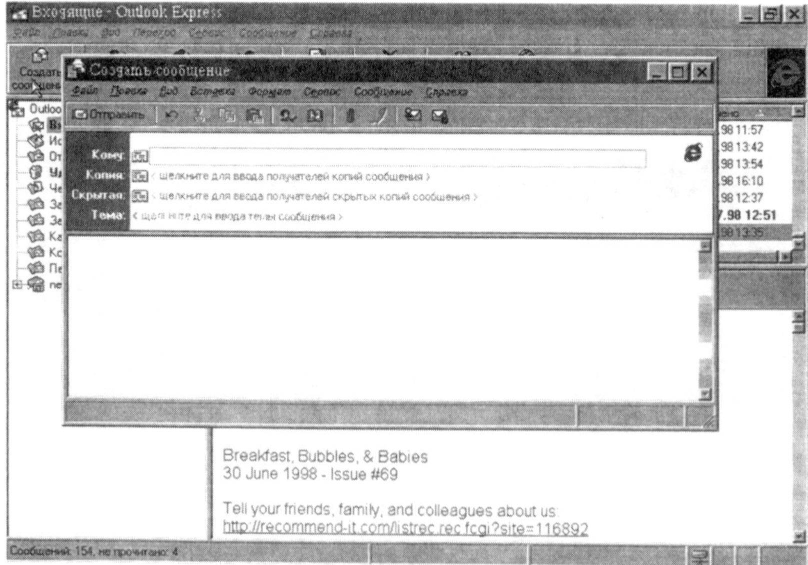

Сортировка сообщений

(메세지 분류)

러시아어 문법 편람 도표

남성명사 / 단수			
주격	завóд	герóй	водúтель	санатóйрий
생격	завóда	герóя	водúтеля	санатóйрия
여격	завóду	герóю	водúтелю	санатóйрию
대격	завóд	герóя*	водúтеля	санатóйрий
조격	завóдом	герóем	водúтелем	санатóйрием
전치격	(о) завóде	(о) герóе	(о) водúтеле	(о) санатóйрии

남성명사 / 복수			
주격	завóд	герóй	водúтель	санатóйрий
생격	завóда	герóя	водúтеля	санатóйрия
여격	завóду	герóю	водúтелю	санатóйрию
대격	завóд	герóя*	водúтеля	санатóйрий
조격	завóдом	герóем	водúтелем	санатóйрием
전치격	(о) завóде	(о) герóе	(о) водúтеле	(о) санатóйрии

* 남성 활동체 명사의 대격은 생격과 같으며 이 규칙은 단수와 복수 생격에 각각 적용된다.

** отéц, день 등의 남성 명사는 변화할 때 모음 -e-가 탈락하며, отцá, дня, дню처럼 변화한다.

<table>
<tr><td colspan="5" align="center">여성명사 / 단수</td></tr>
<tr><td>주격</td><td>маши́на</td><td>неде́ля</td><td>ста́нция</td><td>ча́сть</td></tr>
<tr><td>생격</td><td>маши́ны</td><td>неде́ли</td><td>ста́нции</td><td>ча́сти</td></tr>
<tr><td>여격</td><td>маши́не</td><td>неде́ле</td><td>ста́нции</td><td>ча́сти</td></tr>
<tr><td>대격</td><td>маши́ну</td><td>неде́лю</td><td>ста́нцию</td><td>ча́сть</td></tr>
<tr><td>조격</td><td>маши́ной</td><td>неде́лей</td><td>ста́нцией</td><td>ча́стью</td></tr>
<tr><td>전치격</td><td>(о) маши́не</td><td>(о) неде́ле</td><td>(о) ста́нции</td><td>(о) ча́сти</td></tr>
</table>

<table>
<tr><td colspan="5" align="center">여성명사 / 복수</td></tr>
<tr><td>주격</td><td>маши́ны</td><td>неде́ли</td><td>ста́нции</td><td>ча́сти</td></tr>
<tr><td>생격</td><td>маши́н</td><td>неде́ль</td><td>ста́нций</td><td>часте́й</td></tr>
<tr><td>여격</td><td>маши́нам</td><td>неде́лям</td><td>ста́нциям</td><td>частя́м</td></tr>
<tr><td>대격</td><td>маши́ны</td><td>неде́ли</td><td>ста́нции</td><td>ча́сти</td></tr>
<tr><td>조격</td><td>маши́нами</td><td>неде́лями</td><td>ста́нциями</td><td>частя́ми</td></tr>
<tr><td>전치격</td><td>(о) маши́нах</td><td>(о) неде́лях</td><td>(о) ста́нциях</td><td>(о) частя́х</td></tr>
</table>

мать는 다음과 같이 특수변화한다.

<table>
<tr><td></td><td align="center">단수</td><td align="center">복수</td></tr>
<tr><td>주격</td><td>мать</td><td>ма́тери</td></tr>
<tr><td>생격</td><td>ма́тери</td><td>матере́й</td></tr>
<tr><td>여격</td><td>ма́тери</td><td>матеря́м</td></tr>
<tr><td>대격</td><td>мать</td><td>матере́й</td></tr>
<tr><td>조격</td><td>ма́терью</td><td>матеря́ми</td></tr>
<tr><td>전치격</td><td>(о) ма́тери</td><td>(о) матеря́х</td></tr>
</table>

	중성명사 / 단수			
주격	ме́сто	мо́ре	зда́ние	вре́мя
생격	ме́ста	мо́ря	зда́ния	вре́мени
여격	ме́сту	мо́рю	зда́нию	вре́мени
대격	ме́сто	мо́ре	зда́ние	вре́мя
조격	ме́стом	мо́рем	зда́нием	вре́менем
전치격	(о) ме́сте	(о) мо́ре	(о) зда́нии	(о) вре́мени

	중성명사 / 복수			
주격	места́	моря́	зда́ния	времена́
생격	мест	море́й	зда́ний	времён
여격	места́м	моря́м	зда́ниям	времена́м
대격	места́	моря́	зда́ния	времена́
조격	места́ми	моря́ми	зда́ниями	времена́ми
전치격	(о) места́х	(о) моря́х	(о) зда́ниях	(о) времена́х

2. 형용사의 격변화

	남성 형용사			
주격	но́вый	молодо́й	хоро́ший	си́ний
생격	но́вого	молодо́го	хоро́шего	си́него
여격	но́вому	молодо́му	хоро́шему	си́нему
대격	но́вого	молодо́го	хоро́шего	си́него
	но́вый	молодо́й	хоро́ший	си́ний
조격	но́вым	молоды́м	хоро́шим	си́ним
전치격	(о) но́вом	(о) молодо́м	(о) хоро́шем	(о) си́нем

<table>
<tr><td colspan="5" align="center">여성 형용사</td></tr>
<tr><td>주격</td><td>но́вая</td><td>молода́я</td><td>хоро́шая</td><td>си́няя</td></tr>
<tr><td>생격</td><td>но́вой</td><td>молодо́й</td><td>хоро́шей</td><td>си́ней</td></tr>
<tr><td>여격</td><td>но́вой</td><td>молодо́й</td><td>хоро́шей</td><td>си́ней</td></tr>
<tr><td>대격</td><td>но́вую</td><td>молоду́ю</td><td>хоро́шую</td><td>си́нюю</td></tr>
<tr><td>조격</td><td>но́вой</td><td>молодо́й</td><td>хоро́шей</td><td>си́ней</td></tr>
<tr><td>전치격</td><td>(о) но́вой</td><td>(о) молодо́й</td><td>(о) хоро́шей</td><td>(о) си́ней</td></tr>
</table>

<table>
<tr><td colspan="5" align="center">중성 형용사</td></tr>
<tr><td>주격</td><td>но́вое</td><td>молодо́е</td><td>хоро́шее</td><td>си́нее</td></tr>
<tr><td>생격</td><td>но́вого</td><td>молодо́го</td><td>хоро́шего</td><td>си́него</td></tr>
<tr><td>여격</td><td>но́вому</td><td>молодо́му</td><td>хоро́шему</td><td>си́нему</td></tr>
<tr><td>대격</td><td>но́вое</td><td>молодо́е</td><td>хоро́шее</td><td>си́нее</td></tr>
<tr><td>조격</td><td>но́вым</td><td>молоды́м</td><td>хоро́шим</td><td>си́ним</td></tr>
<tr><td>전치격</td><td>(о) но́вом</td><td>(о) молодо́м</td><td>(о) хоро́шем</td><td>(о) си́нем</td></tr>
</table>

<table>
<tr><td colspan="5" align="center">복수 형용사</td></tr>
<tr><td>주격</td><td>но́вые</td><td>молоды́е</td><td>хоро́шие</td><td>си́ние</td></tr>
<tr><td>생격</td><td>но́вых</td><td>молоды́х</td><td>хоро́ших</td><td>си́них</td></tr>
<tr><td>여격</td><td>но́вым</td><td>молоды́м</td><td>хоро́шим</td><td>си́ним</td></tr>
<tr><td>대격</td><td>но́вых</td><td>молоды́х</td><td>хоро́ших</td><td>си́них</td></tr>
<tr><td></td><td>но́вые</td><td>молоды́е</td><td>хоро́шие</td><td>си́ние</td></tr>
<tr><td>조격</td><td>но́выми</td><td>молоды́ми</td><td>хоро́шими</td><td>си́ними</td></tr>
<tr><td>전치격</td><td>(о) но́вых</td><td>(о) молоды́х</td><td>(о) хоро́ших</td><td>(о) си́них</td></tr>
</table>

주격	КТО	ЧТО
생격	КОГО́	ЧЕГО́
여격	КОМУ́	ЧЕМУ́

단수					
	남성	여성	중성	남성	여성	중성

	남성	여성	중성	남성	여성	중성
주격	мой	моя́	моё	твой	твоя	твоё
생격	моего́	мое́й	моего́	твоего́	твое́й	твоего́
여격	моему́	мое́й	моему́	твоему́	твое́й	твоему́
대격	моего́ мой	мою́	моё	твоего́ твой	твою́	твоё
조격	мои́м	мое́й	мои́м	твои́м	твое́й	твои́м
전치격	(о) моём	(о) мое́й	(о) моём	(о) твоём	(о) твое́й	(о) твоём
주격	наш	на́ша	на́ше	ваш	ва́ша	ва́ше
생격	на́шего	на́шей	на́шего	ва́шего	ва́шму	ва́шего
여격	на́шему	на́шей	на́шему	ва́шему	ва́шей	ва́шему
대격	на́шего наш	на́шу	на́ше	ва́шего ваш	ва́шу	ва́ше
조격	на́шим	на́шей	на́шим	ва́шим	ва́шей	ва́шим
전치격	(о) на́шем	(о) на́шей	(о) на́шем	(о) ва́шем	(о) ва́шей	(о) ва́шем

복수			
주격	мои́	твои́	на́ши	ваши
생격	мои́х	твои́х	на́ших	ва́ших
여격	мои́м	твои́м	на́шим	ва́шим
대격	мои́х мои́	твои́х твои́	на́ших на́ши	ва́ших ва́ши
조격	мои́ми	твои́ми	на́шими	ва́шими
전치격	(о) мои́х	(о) твои́х	(о) на́ших	(о) ва́ших

* его́, её, их는 불변이다.

5. 인칭대명사의 격변화

단수				
주격	я	ты	он	она́	оно́
생격	меня́	тебя́	его́(у него́)	её(у неё)	его́(у него́)
여격	мне	тебе́	ему́(к нему́)	ей(к ней)	ему́(к нему́)
대격	мной	тебя́	его́(на него́)	её(на неё)	его́(на него́)
조격	но́вым	тебо́й	им(с ним)	ей(с ней)	им(с ним)
전치격	(обо) мне	(о) тебе́	(о) нём	(о) ней	(о) нём

복수		
주격	мы	вы	они́
생격	нас	вас	их(у них)
여격	нам	вам	им(к ним)
대격	нас	вас	их(у них)
조격	на́ми	ва́ми	и́ми(с ни́ми)
전치격	(о) нас	(о) вас	(о) них

5. 인칭대명사의 격변화

	단수			복수
	남성	여성	중성	
주격	э́тот	э́та	э́то	э́ти
생격	э́того	э́той	э́того	э́тих
여격	э́тому	э́той	э́тому	э́тим
대격	э́того	э́ту	э́то	э́тих
	э́тот			э́ти
조격	э́том	э́той	э́тоим	э́тими
전치격	(об) э́том	(об) э́той	(об) э́том	э́тих

단수				복수
	남성	여성	중성	
주격	тот	та	то	те
생격	тогó	той	тогó	тех
여격	томý	той	томý	тем
대격	тогó	ту	то	тех
	тот			те
조격	тем	той	тем	тéми
전치격	(о) том	(о) той	(об) том	(о) тех

단수				복수
	남성	여성	중성	
주격	весь	вся	всё	все
생격	весгó	всей	весгó	всех
여격	весмý	всей	весмý	всем
대격	весгó	всю	всё	всех
	весь			все
조격	всем	всей	всем	всéми
전치격	(о) всём	(о) всей	(о) всём	(обо) всех

단수				복수
	남성	여성	중성	
주격	чей	чья	чьё	чьи
생격	чьегó	чьей	чьегó	чьих
여격	чьемý	чьей	чьемý	чьим
대격	чьегó	чью	чьё	чьих
	чей			чьи
조격	чеим	чьей(чьéю)	чеим	чьи́ми
전치격	(о) чьём	(о) чьей	(о) чьём	(о) чьих

<table>
<tr><td colspan="2">재귀대명사 себя́</td></tr>
<tr><td>주격</td><td></td></tr>
<tr><td>생격</td><td>себя́</td></tr>
<tr><td>여격</td><td>себе́</td></tr>
<tr><td>대격</td><td>себя́</td></tr>
<tr><td>조격</td><td>собо́й</td></tr>
<tr><td>전치격</td><td>(о) себе́</td></tr>
</table>

7. 수사

* 기수사

1.	оди́н(одна́, одно́)	20.	два́дцать
2.	два(две)	30.	три́дцать
3.	три	40.	со́рок
4.	четы́ре	50.	пятьдеся́т
5.	пять	60.	шестьдеся́т
6.	шесть	70.	се́мьдесят
7.	семь	80.	во́семьдесят
8.	во́семь	90.	девяно́сто
9.	де́вять	100.	сто
10.	де́сять	200.	две́сти
11.	оди́ннадцать	300.	три́ста
12.	двена́дцать	400.	четы́реста
13.	трина́дцать	500.	пятьсо́т
14.	четы́рнадцать	600.	шестьсо́т
15.	пятна́дцать	700.	семьсо́т
16.	шестна́дцать	800.	восемьсо́т
17.	семна́дцать	900.	девятьсо́т
18.	восемна́дцать	1000.	ты́сяча
19.	девятна́дцать		

단수				복수
	남성	여성	중성	
주격	оди́н	одна	одно́	одни́
생격	одного́	одно́й	одного́	одни́х
여격	одному́	одно́й	одному́	одни́м
대격	одного́ оди́н	одну́	одно́	одни́х одни́
조격	одни́м	одно́й	одни́м	одни́ми
전치격	(об) одно́м	(об) одно́й	(об) одно́м	(об) одни́х

* 서수사

1. пе́рвый
2. второ́й
3. тре́тий
4. четвёртый
5. пя́тый
6. шесто́й
7. седьмо́й
8. восьмо́й
9. девя́тый
10. деся́тый
11. оди́надцатый
12. двена́дцатый
13. трина́дцатый
14. четы́рнадцатый
15. пятна́дцатый
16. шестна́дцатый
17. семна́дцатый
18. восемна́дцатый
19. девятна́дцатый
20. двадца́тый
30. тридца́тый
40. сороково́й
50. пятидеся́тый
60. шестидеся́тый
70. семидеся́тый
80. восьмидеся́тый
90. девяно́стый
100. со́тый

* 서수사의 격변화는 형용사의 격변화와 동일하다. 예외적으로 변화하는 **третий**의 격변화는 다음과 같다.

<table>
<thead>
<tr><th colspan="4" align="center">단수</th><th>복수</th></tr>
<tr><th></th><th align="center">남성</th><th align="center">여성</th><th align="center">중성</th><th></th></tr>
</thead>
<tbody>
<tr><td>주격</td><td>тре́тий</td><td>тре́тья</td><td>тре́тье</td><td align="center">тре́тьи</td></tr>
<tr><td>생격</td><td>тре́тьего</td><td>тре́тьей</td><td>тре́тьего</td><td align="center">тре́тьих</td></tr>
<tr><td>여격</td><td>тре́тьему</td><td>тре́тьей</td><td>тре́тьему</td><td align="center">тре́тьим</td></tr>
<tr><td>대격</td><td>тре́тьего
тре́тий</td><td>тре́тью</td><td>тре́тье</td><td align="center">тре́тьих
тре́тьи</td></tr>
<tr><td>조격</td><td>тре́тьим</td><td>тре́тьей</td><td>тре́тьим</td><td align="center">тре́тьими</td></tr>
<tr><td>전치격</td><td>(о) тре́тьем</td><td>(о) тре́тьей</td><td>(о) тре́тьем</td><td align="center">(о) тре́тьих</td></tr>
</tbody>
</table>

8. 동사의 활용

제 1 활용형 – 부정사 чита́ть(불완료상)

현재		과거		미래	
я	чита́ю			я	бу́ду
ты	чита́ешь			ты	бу́дешь
он		он	чита́л	он	
она́	чита́ет	она́	чита́ла	она́	бу́дет
оно́		оно́	чита́ло	оно́	
мы	чита́ем	мы		мы	бу́дем
вы	чита́ете	вы	чита́ли	вы	бу́дете
они́	чита́ют	они́		они́	бу́дут

(미래: чита́ть)

제 1 활용형 – 부정사 прочита́ть(완료상)

현재	과거		미래	
			я	прочита́ю
			ты	прочита́ешь
	он	прочита́л	он	
	она́	прочита́ла	она́	прочита́ет
	оно́	прочита́ло	оно́	
	мы		мы	прочита́ем
	вы	прочита́ли	вы	прочита́те
	они́		они́	прочита́ют

<table>
<tr><th colspan="3">제 2 활용형 – 부정사 стро́ить(불완료상)</th></tr>
<tr><th>현재</th><th>과거</th><th>미래</th></tr>
<tr><td>

я стро́ю
ты стро́ишь
он ⎤
она́ ⎬ стро́ит
оно́ ⎦
мы стро́им
вы стро́ите
они́ стро́ят

</td><td>

он стро́ил
она́ стро́ила
оно́ стро́ило
мы ⎤
вы ⎬ стро́или
они́ ⎦

</td><td>

я бу́ду
ты бу́дешь ⎤
он ⎤ ⎪
она́ ⎬ бу́дет ⎬ стро́ить
оно́ ⎦ ⎪
мы бу́дем ⎦
вы бу́дете
они́ бу́дут

</td></tr>
</table>

<table>
<tr><th colspan="3">제 2 활용형 – 부정사 постро́ить(완료상)</th></tr>
<tr><th>현재</th><th>과거</th><th>미래</th></tr>
<tr><td>

—

</td><td>

он постро́ил
она́ постро́ила
оно́ постро́ило
мы ⎤
вы ⎬ постро́или
они́ ⎦

</td><td>

я постро́ю
ты постро́ишь
он
она́ постро́ит
оно́
мы постро́им
вы постро́ите
они́ постро́ят

</td></tr>
<tr><td colspan="3">명령법　Постро́й!　Постро́йте!</td></tr>
</table>

꿩먹고 알먹는 러시아어 첫걸음

전혜진 / 값13,000원 (CD포함)

러시아어 첫 걸음은 듣기, 쓰기, 읽기, 말하기 영역에서 초급 단계의 러시아어를 골고루 연습하고, 발전시키도록 단계별로 체계적으로 구성하였습니다.

1단계 초급단계에 필수적이고 빈도수 높은 최소량의 어휘를 제시하면서, 어휘의 결합관계와 어휘 활용에 중점을 두고 있습니다.

2단계 의사소통을 목적으로 문법 정보를 능동적으로 사용할 수 있도록 기능 문법적인 측면에서 문법을 기술하고 있습니디

 3단계 표현 따라하기는 다양한 표현을 연습하여 표현력을 풍부하게 하는 코너입니다.

 4단계 러시아어로 말하기에서는 생활 회화를 상황별로 제시하여 살아있는 러시아 구어를 만날 수 있습니다. 5단계 함께 연습하기에서는 그림이나 사진 등 시각 자료를 활용하여 재미있게 러시아어를 연습할 수 있습니다. 그리고 텍스트, 표현 따라하기, 러시아어로 말하기 코너는 CD로 제작하여, 듣기 연습을 효과적으로 도와줄 것입니다.

영어대조 러시아어회화

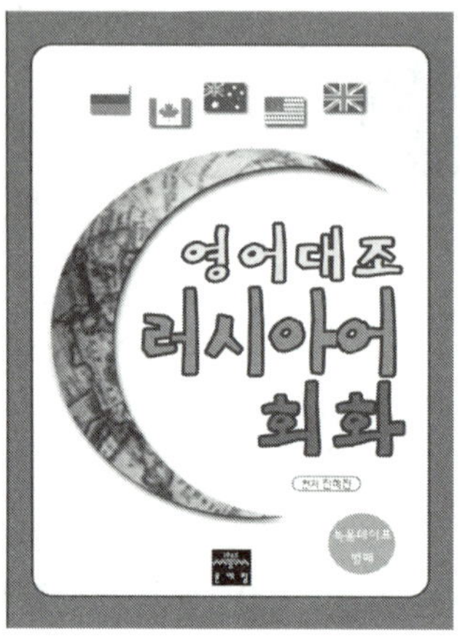

전혜진 / 값 15,000원 (Taoe2)

21세기 세계화, 정보화 시대에《영어 대조 러시아어 회화》의 개정판 출간은 시대적 요구에 부합하는 의미 있는 일이라 생각합니다. 이 책은 영어와 러시아어를 동시에, 단기간동안, 효율적으로 습득할 수 있도록 만들어졌습니다. 의사소통능력 배양을 목적으로 일상생활과 관련된 38가지 상황별 다양한 주제의 회화를 총망라하고 있습니다. 자기소개, 취미생활, 쇼핑, 건강, 날씨, 여행, 전화, 문화생활, 스포츠 등의 우리 생활에서 필요한 회화가 소개되고 있습니다. 그와 함께 숫자, 시간, 인체, 질병, 교통, 의생활, 식생활, 주거 생활 등을 비롯하여, 일상생활에서 빈도수가 높은, 20가지 주제별 단어를 수록하고 있습니다. 그리고 초보자를 위해 우리말로 러시아어 발음을 표기하여, 어려운 러시아어 발음을 쉽게 익히도록 하였습니다. 발음 표기는《우리말외래어표기법》의 틀에 얽매이지 않고, 실제 러시아어 발음에 최대한 가깝게 표기하도록 노력했습니다.

《영어 대조 러시아어 회화》는 영어와 러시아어의 생활회화 기초 패턴부터 다양한 표현까지 소개하면서, 두 언어로 말하기 연습을 동시에, 쉽고, 편하게 할 수 있는 기회를 마련해줄 것입니다.

노래로 배우는 러시아어

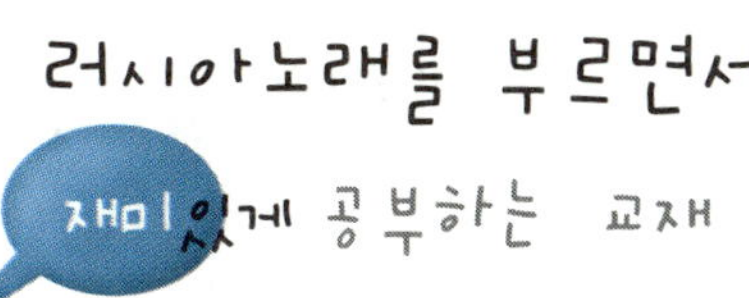

전혜진 / 값14,500원 (CD)

세상살이가 힘겹고, 사람들 마음이 내 마음 같지 않아 외롭던 그때에 러시아 노래가 빛으로 다가왔습니다. 아꾸자바를 만났고, 브이소쯔끼도 만났습니다. 뿌가쵸바, 깜브로바, 빠노마료바, 게르만도 만났습니다. 그들이 러시아를 노래했고, 인생과 사랑을 노래했습니다. 그들의 노래 속에서 영혼의 목소리를 들을 수 있었습니다. 그리고 그들의 노래 속에서 러시아어가 살아 움직이기 시작했습니다. 그러한 러시아 노래와 러시아어의 아름다움을 "노래로 배우는 러시아어"에 담아보고자 하였습니다. 러시아 민요, 영화음악, 대중가요와 로망스 등 러시아를 대표하는 주옥같은 노래들을 소개하고 있습니다. 노래로 러시아어를 배우면서, 즐겁고 재미있게 러시아어 어휘, 표현, 문법을 학습하도록 이 책을 구성하였습니다. 각 과의 「노랫말 익히기」「노랫말 한마디」「노랫말 표현 따라잡기」「문법 길잡이」 코너는 노래 속에서 러시아어를 체계적으로 학습할 수 있는 기회를 제공해 줄 것입니다. 또한 「노래에 실린 문화 이야기」코너를 통해 한층 더 가깝게 러시아 문화를 느낄 수 있을 것입니다.

영화로 배우는 러시아어 형제

러시아 영화를 보면서 재미 있게 공부 하는 교재

전혜진 / 값22,000원 (비디오)

러시아아어는 언제나 어렵고 힘든 언어입니다.

좀 더 재미있고, 쉽게 러시아어를 학습할 수 있는 방법은 없을까? 고민하던 끝에 「영화로 배우는 러시아어－형제」를 문예림에서 출판하게 되었습니다. 러시아 영화를 감상하면서 러시아어로 말하기와 듣기를 자연스럽게 학습할 수 있습니다. 영화 「형제」에는 모스크바와 뻬쩨르부르그에서 사용하는 표준적인 일상회화부터 은어, 속어까지 다양한 문체의 러시아말이 등장합니다. 따라서 「영화로 배우는 러시아어－형제」로 러시아어를 학습하면, 영화에서 연출되는 다양한 상황별 대화를 시청각 자료를 통하여 연습하고, 영화 대본을 활용하여 러시아어 듣기 연습을 효과적으로 할 수 있습니다. 또한 영화에 삽입된 노래 10곡은 러시아 음악을 사랑하는 여러분에게 특별한 기쁨과 아름다움을 줄 것입니다. 영화 「형제」의 감동과 함께 여러분의 러시아어 학습에 큰 성과가 있기를 바랍니다.